청소년들의 진로와 직업 탐색을 위한
잡프러포즈 시리즈 35

정의의 편에서
권리를 대변하는
변리사

정의의 편에서
권리를 대변하는
변리사

유원상 지음

PATENTED

PATENTS

TALK SHOW

특허제도는 천재라는 불꽃 위에
이익이라는 기름을 붓는 것이다.

- 에이브러햄 링컨, Abraham Lincoln -

경험을 통해 배우는 것은 너무나 비싸다.
다른 사람의 경험으로부터 배운다면
훨씬 빠를 뿐만 아니라 비용도 적게 든다.

- 로버트 몽고메리, Robert Montgomery -

C·O·N·T·E·N·T·S

변리사 유원상의 프러포즈 _10

첫인사 _16

변리사의 세계 _22

하루 일과가 궁금해요 _ 27

변리사가 일하는 곳은 어디인가요 _ 29

그동안 진행하셨던 특허가 얼마나 되나요 _ 31

담당하셨던 업무 중 인상 깊었던 일은 무엇인가요 _ 32

힘들거나 까다로운 일은 어떤 경우인가요 _ 34

변리사의 매력은 무엇인가요 _ 35

단점도 알려주세요 _ 37

다양한 분야의 기술을 다루니까 여러 산업 동향에 관심을 가져야 하겠네요 _ 38

새로운 기술을 가장 먼저 접하는 직업이라고도 할 수 있을 것 같아요 _ 39

처음 변리사로 일을 시작할 당시에는 시행착오도 있었을 것 같아요 _ 41

변리사 업무 중에 가장 힘든 건 뭔가요 _ 42

업무 특성상 고객의 지식수준이 높을 것 같아요 _ 43

특허 외에 상표나 디자인 관련 업무도 하시나요 _ 45

특허라고 하면 굉장한 기술이어야 할 것 같은데 특허로 인정받을 수 있는 기준이 있나요 _ 49

이런 것도 특허가 되나 싶을 정도로 의외의 것도 있나요 _ 51

업무를 수행하는 과정에서 가장 신경 쓰는 것은 무엇인가요 _ 52

신기술을 계속 공부해야 한다고 했는데, 일을 잘 수행하기 위해 따로 노력하고 있는 것이
있나요 _ 53

스트레스는 어떻게 해소하나요 _ 55

성취감을 느끼는 순간은 언제인가요 _ 57

시간이 날 때는 어떤 일을 하나요 _ 58

아직 자신에게 부족한 점이라고 느끼는 부분이 있나요 _ 59

역량을 쌓기 위한 변리사님만의 팁이 있다면 어떤 것이 있을까요 _ 61

변리사란 _62

변리사라는 직업에 대해 소개해 주세요 _ 67

구체적으로 어떤 일을 하나요 _ 68

특허 출원은 변리사만 할 수 있나요 _ 73

변리사도 전문 분야가 있죠 _ 76

예술이나 엔터테인먼트 분야의 저작권도 변리사의 업무인가요 _79

외국에서 상표나 디자인 분쟁이 일어났을 때 변리사의 역할은 무엇인가요 _ 82

외국의 변리사와 다른 점이 있나요 _ 85

언제부터 이 직업이 생겼는지 궁금해요 _ 86

수요는 많은가요 _ 88

미래에도 필요한 직업인가요 _ 89

C·O·N·T·E·N·T·S

변리사가 되는 방법 _ 92

변리사가 되는 일반적인 방법은 무엇인가요 _ 97

응시 자격 등 변리사시험에 대해 설명해주세요 _ 98

변리사님은 시험 준비를 얼마나 하셨나요 _ 101

시험을 통과하기 위해서는 어떤 수준의 준비를 해야 할까요 _ 102

유리한 전공이 있나요 _ 104

학창 시절에 어떤 준비를 하면 좋을까요 _ 106

변리사가 되기 위해서 어떤 자질을 갖추어야 하나요 _ 107

변리사시험 합격 후에 연수 교육을 받나요 _ 109

변리사를 꿈꾼다면 이것만은 준비하라! _ 110

변리사가 되면 _ 112

변리사가 전문직 중 연봉 1위라는 기사가 많더라고요. 연봉은 어느 정도인가요 _ 117

직급 체계는 어떻게 되나요 _ 118

파트너 변리사가 되면 직접 고객 유치를 해야 하죠 _ 119

수임료의 기준이 있나요 _ 121

특허를 빨리 받을 수 있는 방법이 있나요 _ 123

근무 시간이나 형태는 어떻게 되나요 _ 126

직업병이 있나요 _ 128

처음 변리사가 되셨을 때 가장 걱정되었던 점은 무엇인가요 _ 131

변리사 생활을 하면서 가장 기억에 남는 순간은 언제였나요 _ 133

다른 분야로 진출이 가능한가요 _ 134

나도 변리사 _136

변리사 업무 엿보기 _150

변리사의 일, 일, 일 _158

변리사 유원상 스토리 _172

변리사 유원상의 프러포즈

하나. 인류가 직면한 환경오염 문제를 개발한 연구자가 있어요. 기아를 극복할 기술을 개발한 또 다른 연구자도 있네요. 이런 뛰어난 연구자들이 주변에 지식재산 관리를 도와줄 사람이 없어서 애써 개발한 기술을 보호받지 못하고 있다면 어떨까요?

둘. 좋은 사업 아이템을 가지고 상표를 등록한 사업가가 있어요. 그런데 시간이 지나면서 무단으로 이 상표를 사용하는 사람들이 많아지고 있네요. 무단 사용자가 많아지면서 원래의 상표가 무엇인지 소비자들이 혼동하게 됐어요. 이제는 무단으로 사용한 상표가 더 유명해지고 말았네요. 과연 이 사업가는 자신의 권리를 찾을 수 있을까요?

셋. 무단으로 상표를 사용한 사람들이 오히려 정당한 상표권자에게 상표 사용금지 청구와 상표 무효심판 청구를 했네요. 상표를 뺏긴 것도 억울한데 소송까지 당했다고요? 어떻게 해야 할까요?

이런 어려운 상황에 처한 사람들에게 전문적인 지식으로 도움을 주는 직업이 있어요. 게다가 우리나라뿐만 아니라 전 세계의 산업 발전에 도움을 줄 수도 있는 직업이죠.

바로 변리사입니다.

변리사는 우리나라와 전 세계를 무대로 활동하면서 특허, 상표, 디자인 등을 포함한 지식재산권의 획득과 관리를 대리하는 일을 해요. 쉽게 말하면 특허나 상표를 받을 수 있는 권리가 있는데도 법이나 절차를 몰라서 등록을 받지 못하는 사람들을 대변해서 특허 또는 상표를 획득할 수 있도록 도움을 주는 거예요. 또한, 최적의 권리를 행사할 수 있도록 도와주고, 무단 사용으로 권리자의 이익을 침해하는 사람에 대해서는 경고장, 심판, 소송을 통해 침해행위를 근절시키는 일도 하죠.

정의의 편에 서서 권리를 대변하는 지식재산 수호자라 할 수 있어요.

Job
Propose 35

물론, 변리사가 되는 것이 쉬운 일은 아니에요. 특허기술에 대한 획득을 대리하고, 분쟁 시에는 침해 판단을 할 수 있어야 하기 때문에 특허기술에 대해 잘 이해하고 있어야 하거든요. 법률적 결론을 내리기 위한 법리적 이해 역시 필요하죠. 게다가 날마다 새롭게 개발되는 기술 내용에 대해 호기심을 가지고 깊숙이 파고들어 이해하는 노력도 필요해요. 그러기 위해서는 국제산업 발전 방향에 대한 관심이 있어야 하겠죠. 외국의 특허 담당 기관과 현지 대리인을 상대로 문서나 미팅 등을 진행해야 하기 때문에 외국어 능력도 필요해요.

공부해야 할 것들이 너무 많아 벌써부터 머리가 지끈지끈 아파오나요? 하지만 그만큼 보람과 성취감이 2배로 아니 20배로 여러분에게 찾아온다고 장담할 수 있어요.

법률전문가이면서 뛰어난 공학자인 무한 매력의 변리사, 이 직업을 여러분께 프러포즈합니다.

첫인사

편 – 토크쇼 편집자

유 – 변리사 유원상

📧 먼저 자기소개를 부탁드려요.

🈶 안녕하세요? 간단하게 말씀드리면 변리사로 일하고 있는 유원상입니다. 서울에 살고 있고, 결혼해서 아들이 하나 있어요.

📧 이 일을 하신 지는 얼마나 되셨나요?

🈶 2012년 변리사시험에 합격한 후에 바로 시작했으니까 햇수로 9년 차예요. 쉬지 않고 계속 일하고 있죠. 한 달도 쉬어본 적이 없는 것 같아요.

처음엔 학원에서 강의를 했어요. 변리사시험 합격 후 연수원에서 연수받으면서 틈틈이 강의를 준비해 바로 강의를 시작했죠. 대학 재학 중에 변리사시험에 합격했기 때문에 취업보다는 시간 여유가 있는 학원 강의가 좋을 것 같더라고요. 남은 학기가 1년만 되었어도 취업을 했을 텐데 3년이나 남아 있어서 아무래도 대학을 마칠 때까지 시간이 필요했거든요. 학원 강의를 꽤 길게 하다가 졸업을 반년 정도 남겼을 때 특허법인에 들어갔어요.

📧 변리사라는 직업을 선택하신 계기가 있나요?

🈶 모든 학생들이 다 비슷하겠지만 저도 학창 시절에 진로에 대한 고민이 많았어요. 뭘 해야겠다는 생각이 딱히 없었던 것 같아

요. 미래에 대한 확신이 없고 막연했던 거죠. 고등학생 때까지 계속 그런 상황이었기 때문에 대학도 그냥 적성에 맞춰서 전공을 선택했어요. 기계공학과에 입학했는데 그나마 나와 가장 잘 맞을 것 같은 학과였거든요.

대학 1학년 마치고 입대했는데 아무래도 군대에서 시간이 많다 보니 이런저런 생각을 많이 하게 됐어요. 휴가 나와서 여러 사람들과 대화하면서 영향도 받았고요. 그렇게 군대에 있을 때 진로에 대한 고민을 참 많이 했던 것 같아요. 결정적으로 형이 변리사

군 생활을 해병대에서 했다. 이 시기에 진로에 대한 고민을 많이 했다.

라는 직업을 적극적으로 추천해서 선택하게 됐어요.

🔲 이 직업을 프러포즈하는 이유는 뭔가요?

🔵 첫째, 변리사라는 직업은 전문직이지만 다른 전문직과는 달리 좁고 깊은 분야가 아니라 넓은 영역을 포괄하기 때문에 재미가 있어요. 사실 의사, 변호사를 비롯한 대부분의 전문직은 한 분야의 프로가 되는 것이 중요하잖아요. 사회적 배려와 더불어 특정 업무 영역을 해결하기 위한 탁월한 역량도 필요하고요. 예를 들어, 의사의 경우도 분야를 잘게 쪼개서 각각의 과에 대해 깊이 있게 다루는데 업무 영역이 깊어야 하기 때문에 넓은 부분까지 포괄하기는 어렵죠. 그에 비해 변리사는 전문적이면서도 넓은 분야를 다루고 있어요. 기계나 기구 같은 공학적 원리도 알아야 하고, 상표법, 저작권법 같은 법률뿐만 아니라 디자인 관련한 문의에도 답변을 할 수 있어야 하니까요. 넓은 영역을 두루 포괄하는 것이 부담이 될 수도 있지만, 지식을 넓혀가는 재미가 있거든요.

둘째, 창의적이에요. 기술은 계속 새롭게 발전하기 때문에 우리도 고객에게 새로운 기술에 대한 제안을 위해서 끊임없이 발전해야 하거든요. 매 순간 개발되는 신규 기술에 대한 습득과 이해를 하는 과정에서 점점 발전하는 걸 느끼게 돼요. 사실 변리사는 발명자의 수준 이상으로 기술이해력이 필요한 직업이에요. 또한 창의성을 토대로 더 나은 설계안이나 기술 개발안을 제시할 수 있어야 하죠. 이런 제안이 실제 특허명세서에 발현되어 권리화되었을 때는 정말 짜릿하기도 해요.

마지막으로 보람 있는 직업이에요. 의뢰인의 억울함을 풀어줄 수 있거든요. 변리사는 특허를 대리하는 업무 외에도 권리를 침해한 상대방에게 직접 경고를 할 수 있으니까요. 또 반대로 받은 경고장에 대해 대응해서 심판, 소송 등 법적인 다툼을 통해 억울함을 해소할 뿐만 아니라 금전적인 보상을 이끌어낼 수도 있거든요.

변리사의
세계

PATENTED

#1.

특허 사용료를
지불하지 않아도 된다고?

〈조이〉, 2016

가난한 싱글맘에서 발명품 하나로 미국 최고의 여성 CEO가 된 조이 망가노의 실화를 바탕으로 한 영화다.

이혼한 부모님과 전 남편, 할머니와 두 아이까지 떠안고 간신히 하루하루를 살아가던 싱글맘 조이(제니퍼 로렌스). 자신이 꿈꿨던 인생과는 너무나 다른 현실에 지쳐가던 어느 날, 깨진 와인 잔을 치우던 조이는 하나의 아이디어를 떠올리게 된다. 조이는 그 아이디어를 바탕으로 손을 대지 않고 걸레를 짤 수 있는 <미라클 몹>을 발명한다.
그런데 이미 특허가 등록되어 있다고?
조이는 투자자인 아버지 애인의 말을 믿고 특허의 권리 범위에 대해 자세히 알아보지 않고 특허권자에게 라이선스 비용을 지불하기로 한다.
우여곡절 끝에 <미라클 몹>은 홈쇼핑에서 십만 개 넘는 판매 기록을 달성하며 성공을 거두게 된다. 하지만 라이선스 비용과 제품 생산원가가 너무 높아 판매할수록 빚은 쌓여만 간다. 게다가 변호사는 조이에게 특허권자와 소송을 해도 이기기 어려울 것이므로 소송을 하지 말라고 한다. 하지만, 조이가 검토한 결과 <미라클 몹>은 해당 특허의 권리 범위에 들어가지 않아 특허 침해에 해당하지 않는다는 사실을 알게 된다. 결국, 조이는 <미라클 몹>을 성공시키며 미국 최고의 여성 CEO가 된다.

영화 속에서 조이는 특허와 관련해 한 가지 실수를 했다. 바로 특허 라이선스 계약을 하면서 권리 범위를 확인하지 않은 것이다. 특허는 권리 범위가 중요하다. 특허성을 확보하기 위해서 권리 범위를 좁히는 경우가 많기 때문이다. 그러므로 특허권을 살펴보기 전에는 그 누구도 침해를 단정할 수 없다.

특허의 중요성을 깨달은 영화 조이의 실존 인물 조이 망가노는 100개가 넘는 특허를 받은 것으로도 알려져 있다.

편 하루 일과가 궁금해요.

유 저는 새벽 스타일이에요. 집에서 사무실까지 지하철로 15분 거리여서 주로 대중교통을 이용하는데, 대체로 첫차로 출근해요. 첫차 타면 기분이 좋거든요. 회사에 도착하면 보통 아침 6시 정도 돼요. 바로 일을 시작해서 밀린 업무는 9시 전에 다 처리하는 편이에요. 직원들에게 할 업무 지시와 고객에게 보내는 이메일도 9시 이전에 끝내놓고요.

새벽에 업무를 시작하다 보니 가급적 저녁은 개인 시간으로 사용하려고 해요. 아이가 어려서 가족과 시간을 보내고 싶거든요. 물론 결혼 전에도 저녁 시간은 업무보다 개인적으로 활용했었는데 결혼한 이후에는 이런 시간이 더욱 소중하게 됐어요. 그래서 저녁 6시 이후에는 일을 하지 않고 연락도 하지 않아요. 고객에게서 전화가 오는 건 받을 수밖에 없지만요. 하지만 미리 고객에게 저녁에 연락하는 건 자제해 달라고 양해를 구하는 편이에요.

편 고객에게 9시 전에 이메일을 보내는 건 성실함을 어필하기 위해서인가요?

유 제 고객의 대부분은 회사 대표님들이에요. 그분들이 업무를 시작하는 시점에 메일을 확인하는 것과 일을 하는 도중에 메일을 받는 것에는 많은 차이가 있다고 생각해요. 일을 시작하는 시점에 메일을 받으면 바로 처리를 해줘야겠다는 생각을 하게 되죠. 하지만 일을 한창 하고 있는 11시경에 메일이 왔다고 생각해 보세요. 그러면 대부분의 사람은 지금 하는 바쁜 일을 먼저 처리하고 이 건은 나중에 해야겠다고 생각할 거예요. 그러다가 잊어버리는 경우가 많아요. 그래서 저는 당일에 답변을 받고 싶은 일은 가능한 업무 시간 전에 이메일을 보내요. 물론 마감 시간이 정해지지 않은 경우에는 오전 11시 또는 오후에 보내기도 하죠.

변리사가 일하는 곳은 어디인가요?

편 변리사가 일하는 곳은 어디인가요?

유 대부분 특허사무소에서 일해요. 그 외에 특허청, 지역 지식센터, 지식재산보호원, 대학교 산학협회 등에서 일할 수 있어요. 또는 기업 내 법무팀이나 IP(Intellectual property, 지식재산권)팀에 입사하는 경우도 있고, 좀 규모가 큰 특허법인에 들어갈 수도 있죠. 요즘에는 더 다양한 곳에서도 많이 찾고 있는 것 같아요. 예를 들면 강의를 전문으로 하는 업체를 통해 강의를 전담으로 할 수도 있어요. 육아나 다른 이유 등으로 쉬고 있는 변리사들을 모아서 팀을 꾸리는 방식이죠. 여러 곳에서 다양한 일을 할 수 있어요.

편 특허청에서 하는 업무는 뭔가요?

유 심사예요. 예전에는 5급 공채를 뽑았었는데, 요즘은 6급 특채를 뽑더라고요. 박사 학위 소지자 중 10년 이상의 관련 실무 경력이 있거나 변리사 자격증이 있으면 지원 가능해요.

발명에 대해 심사를 하고 허가를 내주는 업무를 해요. 공무원이기 때문에 안정적인 직업 생활을 원하는 여성들이 많이 지원하는 편이에요. 특허청이 대전에 있지만 재택근무도 가능하거든요.

일주일에 한 번 출근하고, 나머지는 재택이 가능해서 생활 터전을 바꾸지 않아도 돼요. 물론 대전에 연고가 있는 분들도 많이 지원하죠.

편 기업에 소속된 변리사도 많은가요?

유 네. 보통 인하우스 변리사라고 불러요. 특허사무소에 있는 저희가 기업과 일하게 되면 인하우스 변리사와 업무를 하게 되죠. 인하우스 변리사는 회사 내부의 IP를 관리하는 일을 하는데, 아무래도 기업에서 일하면 안정적인 측면이 있는 것 같아요. 하지만 조직 생활에 적응하지 못하면 근무하기 어렵기도 하죠. 실제 조직 생활이 싫어서 그만두고 특허사무소에 오는 사례도 많거든요. 반면에 개인 활동이 적성에 맞는다고 생각했다가도 안정적인 게 더 좋은 사람들은 인하우스로 가기도 해요.

그동안 진행하셨던 특허가 얼마나 되나요?

편 그동안 진행하셨던 특허가 얼마나 되나요?

유 직원으로 근무할 때는 직접 명세서 쓰고, 심사 내용에 대응하는 일을 했는데, 1년에 평균 250건이 좀 넘었어요. 출원 대리와 심사 내용에 대응하는 업무를 보통 OA(Office Action, 오피스 액션)라고 하는데, 8년 동안 제가 담당한 OA가 2,000여 건이에요. 2,000개가 넘는 아이디어에 제가 직접 관여했다고 할 수 있죠. 하지만 이건 어디까지나 특허에 관련된 일이고, 상표나 디자인까지 포함하면 더 많죠.

편 진행한 특허가 그렇게 많으면 어떤 특허를 담당했는지 정확하게 기억은 안 나시겠네요?

유 아뇨. 다 기억해요. 제가 맡았던 발명에 대해서는 모두 기억하고 있죠. 해당 기술에 대해서 발명자만큼 이해할 수 있도록 열심히 공부했으니까요. 당시 미팅했던 사람까지 모두 기억하고 있어요.

담당하셨던 업무 중 인상 깊었던 일은 무엇인가요?

편 담당하셨던 업무 중 인상 깊었던 일은 무엇인가요?

유 기억에 남는 스타트업 회사가 있어요. 요즘엔 신생 스타트업 회사가 많잖아요. 사무실 없이 공유 오피스에서 시작하는 경우도 흔하고요.

'㈜링거워터'라는 회사도 그런 회사 중 하나였는데 사업 초창기 때 제가 특허 대리를 맡았어요. '링티'라는 이름의 음료인데 링거(수액)를 마신다는 콘셉트예요. 아이디어와 기술이 좋아서 저도 열심히 했거든요. 지금은 그 기술로 회사가 커져서 홈쇼핑에서도 유통하고, 공중파에서 광고도 하고, 제 주변에서도 그 제품을 많이 사용하더라고요. 제가 그 회사 성장에 기여를 한 것 같아서 기분이 오묘해요.

편 음료도 특허를 받을 수 있나요?

유 네. '링티'는 피로회복과 수분 보충 음료로 기능이 있는 음료거든요. 세계보건기구(World Health Organization, WHO)가 제시하는 ORS 포뮬러 기준을 만족하면 효능을 인정받아요. 그런데 효능을 위해서 포뮬러 기준을 맞추면 일반적으로 맛이 없어진다고 해요.

그래서 그동안 대부분의 이온 음료는 맛을 위해 그 기준을 포기한 경우가 많았거든요. 그런데 '링티'는 기능성 기준에 정확히 부합하면서도 맛도 전혀 나쁘지 않았어요. 그런 면에서 특허 출원이 가능했던 거죠.

편 그러면 특허는 하나인가요?

유 아뇨. 음료 하나에 특허가 하나라기보다는 가장 기본적인 특허를 받아 놓고 추가적으로 개발해서 계속 특허가 파생하도록 하는 거예요. A라는 특허에서 기술 개발을 더 해서 향미가 추가되었다든지, 처음에는 미미했던 효과가 더 증폭되었다든지, 혹은 그때 발견하지 못했던 효과를 발견했다든지 등의 다른 내용으로 발전시키는 거죠. 그리고 시리즈 상품으로 출시하는 거예요.

그런데 추가 상품을 개발했다고 해서 다른 사무소에 특허를 의뢰한다면 처음부터 다시 시작해야 하잖아요. 하지만 원래 담당했던 변리사에게 지속해서 업무를 맡기면 훨씬 빠르게 진행할 수 있죠. 그런 방식으로 한 번 특허를 진행한 고객과 지속적으로 업무를 확장하고 있어요.

힘들거나 까다로운 일은 어떤 경우인가요?

편 힘들거나 까다로운 일은 어떤 경우인가요?

유 어느 직군이나 힘든 일은 있을 거라고 생각해요. 힘들다는 건 상대적이니까요. 사실 일 자체는 힘들지 않아요. 그것보다는 고객이 무리한 부탁을 하는 경우가 힘들죠. 예를 들어, 발명의 내용도 없이 아이디어 수준만으로 특허를 받을 수 있도록 해달라는 경우가 있어요. 저희한테 특징 있는 내용을 도출해 달라고 하는데 참 난감해요. 면전에서 바로 거절할 수 없으니 의뢰는 받지만, 시간과 노력을 많이 투여해야 하거든요. 추가 보수를 요청할 수도 없는데 시간을 들여도 내용이 없으면 힘들죠. 이런 경우처럼 업무 자체보다는 고객과의 커뮤니케이션이 어렵다고 할 수 있어요. 그리고 출원 기간이 짧은 경우도 힘들어요. 즉각적으로 계획을 수립하고 시일을 다투며 문서작성을 하면서 출원 진행을 해야 하기 때문에 좀 까다롭죠. 고객의 요구 사항을 모두 만족시키면서 일정과 비용을 원만하게 진행한다는 건 어려운 일이니까요.

가장 힘든 일은 특허 거절이 나왔을 때예요. 하지만 그걸 극복하면 몇 배의 보람이 있죠. 어려운 건을 나름의 논리로 극복해서 등록하고 나면 평생 잊히지 않을 정도로 오래 기억에 남아요.

변리사의 매력은 무엇인가요?

편 변리사의 매력은 무엇인가요?

유 첫째, 자신의 페이스대로 업무를 진행할 수 있어요. 내가 하는 일을 내가 시간을 정해서, 나의 스타일대로 해결할 수 있다는 거죠. 물론 그 과정에서 팀 회의나 상급자의 지시에 따라 방향이 바뀌거나 아예 뒤집힐 수도 있지만, 그런 상황은 전체 업무 영역에서 10~20%일 정도로 낮은 확률이거든요. 그러니 업무 스타일 측면에서 스스로 일을 설계하고 진행할 수 있다는 장점이 있어요.

둘째, 보람 있는 직업이에요. 고객과 직접 대면을 하면서 성과가 바로 눈에 보이기 때문에 피드백이 활발하거든요. 일에 대한 즉각적인 피드백이 바로 돌아오니까 더 보람을 느낄 수 있는 것 같아요.

셋째, 창의적인 부분이 있어요. 의뢰받은 일 하나하나가 다 다르기 때문에 지루할 새가 없거든요. 만약 같은 일을 반복하는 일에 답답함을 느끼는 성향이라면 정말 잘 맞을 것 같아요. 그리고 꾸준히 공부해야 하는 직업이기 때문에 자기 계발에도 좋죠.

마지막으로 이 일은 정년이 없어요. 물론 특허법인 같은 경우는 사내 정년 규정이 있지만, 경력이 쌓인 변리사는 대부분 파트너 변리사가 되기 때문에 지분이 있죠. 은퇴를 하더라도 고문 변리사의 역할을 할 수 있어요. 실제 현역으로 일하고 있는 변리사 중에는 70세가 넘는 분들도 있거든요. 그만큼 안정적인 직업이라고 할 수 있죠.

단점도 알려주세요.

편 단점도 알려주세요.

유 신기술에 대한 공부를 계속해야 한다는 거예요. 기술은 계속 발전하잖아요. 그와 더불어 관련한 법도 개정되거든요. 특허법, 상표법, 디자인보호법 등이 매년 개정되기 때문에 끊임없이 공부하고 노력해야 해요. 조금이라도 방심하면 고객이 바로 알거든요. 특허를 의뢰하는 고객들은 해당 분야에서 상당한 지식이 있는 분들이기 때문에 조금이라도 방심하거나 게을리하면 바로 눈치채요.

또한, 기술, 법률, 어학적 지식도 필요하고 인간관계나 사회적 네트워크 형성에도 노력을 해야 해요. 이런 것들이 좀 부담감으로 다가올 수 있을 것 같아요.

다양한 분야의 기술을 다루니까
여러 산업 동향에 관심을 가져야 하겠네요?

편 다양한 분야의 기술을 다루니까 여러 산업 동향에 관심을 가져야 하겠네요?

유 맞아요. 예를 들어, 대학에서 기계공학을 전공했다 하더라도 해당 분야의 지식만으로 만족하면 안 돼요. 일을 통해서 계속 배워야 하죠. 반도체 가공설비, 모바일 통신 장비 또는 항공 우주 분야 장치 등도 기계·기구 영역이거든요. 반도체를 맡은 설계도 기계고, 항공 우주에 들어가는 기계도 기계니까요. 그래서 폭넓은 역학 지식과 기술 지식이 있어야 해요.

그리고 기술 개발 동향을 다른 사람보다 앞서서 파악해 놓아야 해당 분야의 고객을 만났을 때 올바른 방향을 제시할 수 있어요. 향후 이 회사가 나아갈 R&D(Research and development, 연구·개발) 방향까지 고려해서 제안해야 하는데, 기술 개발에 대한 상황을 모르면 제안할 내용도 없고, 엉뚱한 방향으로 갈 수도 있거든요. 훌륭한 결과물이 나오려면 당연히 여러 산업 동향에 관심을 가져야 해요.

새로운 기술을 가장 먼저 접하는 직업이라고도 할 수 있을 것 같아요.

편 새로운 기술을 가장 먼저 접하는 직업이라고도 할 수 있을 것 같아요. 변리사로서 일을 하면서 새롭게 알게 된 사실도 있나요?

유 어떤 기술이든지 항상 새롭다고 느끼고 있어요. 세상에는 너무나도 다양하고 깊은 기술과 아이디어가 존재하는 것 같아요. 예를 들면, 그동안 영어 학습 관련 책과 스피킹 프로그램 등은 상당수 특허대리 했거든요. 그런데 최근에는 단순 영어 교육이 아닌 보이스 트레이닝에 대한 내용들이 새롭게 부각되고 있어요. 애니메이션 캐릭터가 더빙하고 녹음하는 프로그램과 그 시스템에 관한 특허도 있죠. 교육 분야와 유사해 보이기도 하지만 엄밀히 들어가면 캐릭터를 선정해서 그 캐릭터의 스크립트를 따라 계속해서 더빙을 진행하고, 이를 작품 형식으로 녹음한다는 점이 특허성으로 인정받은 케이스예요. 이렇게 기존에 알고 있던 내용들도 계속 발전하고 있어요.

편 시스템이라면 아이디어 수준인 것 같은데 이런 것도 특허를 받을 수 있는 건가요?

유 아이디어 수준을 보완·발전시켜서 특허를 받아내는 것이 바로 변리사 능력이거든요. 특허를 받기 위해서 그것과 관련된 선행기술이 있는지 먼저 조사해요. 이 경우에는 플레이어가 본인에게 적합한 작품을 선택해 해당 작품 내의 캐릭터를 직접 선택하고, 주어진 스크립트에 따라 스피킹 하는 내용이 녹음되어 최종적으로 플레이어의 목소리로 이루어진 하나의 작품을 얻는 기술이 핵심이었어요. 선행기술을 찾아서 비교한 후 차별점을 만들고, 그 내용을 명세서에 잘 표현하는 것이 중요해요. 그런 과정을 거쳐 출원하고 등록을 받았죠.

처음 변리사로 일을 시작할 당시에는
시행착오도 있었을 것 같아요.

편 처음 변리사로 일을 시작할 당시에는 시행착오도 있었을 것 같아요.

유 네. 과하게 의욕이 앞서서 좀 무리할 때가 있었어요. 사실 업무마다 비중이 같을 수는 없잖아요. 일정이나 비용에 따라 우선순위를 정해야 하는데, 업무에 투입해야 하는 시간 배분을 잘못해서 꼬였던 경우가 있었어요. 예를 들어, 상사는 두 시간 정도의 작업이라고 생각해서 맡겼는데 하루 종일 잡고 있던 경우도 있었고, 이로 인해서 상대적으로 긴 시간이 필요한 업무 시간이 부족했던 경우도 있었죠. 그리고 상사와 정확한 소통이 되지 않아 의도가 빗나갔던 경우 등 여러 시행착오가 있었어요.

기존 클라이언트의 경우에는 고객만의 스타일과 진행 절차가 있는데 그 내용을 전달받지 못해서 고객에게 물어보는 실수를 하기도 했고, 기존에 진행하던 절차가 불편해서 나름 개선하려고 제안했던 일이 문제가 된 적도 있어요. 반대로 독립적으로 운영해야 할 일을 단독으로 결정하는 것에 익숙하지 않아 생긴 일 등 이런저런 해프닝이 있었죠. 적응하는 데 1년 정도 걸린 것 같아요.

변리사 업무 중에 가장 힘든 건 뭔가요?

편 변리사 업무 중에 가장 힘든 건 뭔가요?

유 앞에서도 말씀드렸듯이 사실 업무적으로 힘든 건 없어요. 일은 뭐 열심히 하면 되니까요. 그리고 까다로운 고객에게 NO라고 하는 것도 그렇게 어려운 일은 아니에요. 그보다는 고객을 만족시킬 방법을 찾는 것이 어려운 일이죠. 그리고 고객에게 향후 진행되는 작업에 대해 설명하는 것도 쉽지는 않더라고요. 저희가 아무리 열심히 일을 해도 어필하지 않으면 잘 모르니까요.

이 일의 특성이 하루 이틀 만에 결과물이 나오는 게 아니거든요. 짧게는 1년에서부터 길게는 3년까지의 시간이 걸려요. 그 사이에 이슈가 있다고 하더라도 주로 문서로 주고받다 보니 고객 입장에서는 변리사가 아무 일도 하지 않는 것처럼 보일 수가 있거든요. 그래서 전화, 이메일, 문자 등을 통해서 수시로 연락을 해야 해요. 잊지 않고 있다, 잘하고 있다는 메시지를 전달해야 하죠. 그런 식으로 계속 신경 써야 하는 것들이 좀 힘든 것 같아요.

업무 특성상 고객의 지식수준이 높을 것 같아요.

편 업무 특성상 고객의 지식수준이 높을 것 같아요.

유 맞아요. 고객 대부분이 회사 대표이거나 기술·개발 팀장이라 지식수준이 높아요. 해당 분야에서 20~30년 근무한 분도 많고, 연구 직책에 있는 분도 있기 때문에 기술 지식이 상당해요. 이런 분들은 상담 초기에 변리사를 잘 신뢰하지 않아요. 그래서 첫만남에 떠보는 질문을 많이 하죠. 서른 갓 넘은 변리사가 알면 얼마나 알겠어 하면서 작정하고 던지는 질문들이 있어요. 칼같이 던지는 경우도 있고, 좀 무디게 오는 경우도 있는데 잘 대처해야 하죠. 물론 초면에 공격적으로 나오면 기분이 나쁘지만 그래도 티를 낼 수는 없으니까요.

고객 입장에서는 적지 않은 비용이 드는 일이니 테스트를 하는 건 당연하다고 생각해요. 그래서 보통 첫 의뢰는 테스트 용도로 작은 건을 맡기는 경우가 많아요. 프로세스는 어떤지, 커뮤니케이션에서 불편한 사항은 없는지, 고객 응대는 잘하는지 등을 확인하는 과정이라고 할 수 있죠. 그래서 해당 기술 분야에 대해 잘 알고 있는 경우는 최대한 어필을 하는 것이 좋아요.

고객과의 미팅의 순간이 쉽진 않지만, 보람 있는 순간으로 남기도 한다.
하루하루를 소중하고 값지게!

Job
Propose 35

특허 외에 상표나 디자인 관련 업무도 하시나요?

편 특허 외에 상표나 디자인 관련 업무도 하시나요?

유 물론이죠. 요즘은 상표나 디자인 관련한 이슈들이 굉장히 많아요. 처음에 특허로 거래를 시작한 고객들도 사업이 커지면 상표 관련한 일들이 많이 생기거든요.

사실 규모가 큰 특허법인에서 일하면 특정 분야만 다루게 되는 경우가 많아요. 그런데 그렇게 일하다가 개업을 하면 단독 개업을 하기 어려워요. 업무 의뢰가 특정 분야만 들어오는 게 아니니까요. 본인의 전문 분야 외에 다른 분야까지 다룰 수 있어야 하죠. 저는 처음부터 개업을 염두에 두고 있었기 때문에 상표와 디자인뿐만 아니라 저작권까지 경험할 수 있는 사무소에서 일을 했어요.

편 예전에 '펭수 상표권 출원' 논란 기사를 봤는데요. 펭수와 관련이 없는 제3자가 상표를 출원했다고 하던데 이런 일이 가능한가요?

유 예. 우리나라뿐만 아니라 세계적으로 상표법상 가장 이슈가 되는 문제 중 하나예요. 상표법에서는 '무권리자에 대한 출원'이라고 해요. 물론 이처럼 권리가 없는 사람이 출원하는 것을 방지하기 위한 여러 조항들이 있고, 편법을 방지하기 위한 법 개정도 지속적으로 이루어지고 있어요. 이번 '펭수'처럼 만약 제3자가 등록을 했더라도 무효 또는 취소 등으로 상표권을 소멸시키고 정당하게 권리를 주는 방안 등이 있어요. 또 시대가 변하면서 상표도 여러 가지 유형으로 발전하고 있죠. 요즘은 소리 상표, 색채 상표, 냄새 상표 등도 등록이 되거든요.

사실 '펭수' 건은 출원 자체가 좀 무리했던 거였어요. 기사화가 되면서 출원을 포기하는 선에서 마무리됐지만 어차피 등록은 안 됐을 거였고, 등록되더라도 올바른 상표권으로 권리를 행사하지 못했을 거예요. 다만 변리사로서 한 가지 아쉬웠던 점은 EBS라는 대기업에서 자체 저작물을 캐릭터 상품화했음에도 상표 등록을 하지 않았다는 것이 좀 이해가 안 됐어요. 아직도 사업주 또는 기업의 지식재산 담당자가 특허나 상표의 무권리자 출원 및 등록을 방지하고 독점적인 권리를 가져가기 위해 선행적으로 움직임을 보이려는 모습이 드문 게 현실인 거 같아요.

사실 이런 식으로 상표를 미리 선점해서 합의금을 받아내는 사람들을 상표 브로커라고 불러요. 예전에 〈대장금〉이라는 드라마를 시작하기도 전에 관계자가 아닌 사람이 미리 상표 등록을 해

놓은 경우가 있었어요. 인기 있을 거라고 예상한 거죠. 또 '소녀시대' 같은 경우도 비슷한 사례인데, 관계자가 아닌 사람이 '소녀시대'라는 상표를 모든 분야에 등록해 놓은 거예요. 물론 실제 권리자가 권리를 찾으려면 소송을 하면 되지만 시간도 걸리고 송사에 휘말리는 것 자체가 싫으니까 합의를 하는 경우를 예상하고 하는 행위죠. 없어져야 하는 일인데 이런 일들이 너무 많아요. 심지어 중국 브로커들은 한국에서 뭔가 성공할 기미가 보이면 미리 중국에 등록을 해놓는다고 해요.

편 그런 경우 합의를 못 하면 중국에서는 상표를 바꿔서 출시해야 하겠네요.

유 그렇죠. 그런데 인지도가 있는 상표를 바꿔야 하기 때문에 리스크가 크죠. 동일 유사 판단이라는 것 때문에 미세하게 바꾸는 정도로는 안 되거든요. 속된 말로 점 하나 찍어서 되는 일이 아니라는 거죠.

편 상표 관련해서 궁금한 점이 많네요. 예를 들어, 실제 이름이 '이효리'인 사람은 그 이름으로 상표 등록을 할 수 있나요?

유 첫째, 상표로 등록할 수 있느냐 둘째, 상표로 사용을 할 수 있느냐로 나눠 생각할 수 있어요. 그러니까 '이효리'인 사람이 본인 이름으로 상표를 출원하는 건 가능해요. 하지만 대중적으로 유명한 '이효리'가 있다면 유명한 '이효리'의 허락 없이는 등록할 수 없어요.

두 번째, 사용에 관한 이슈인데 자신의 이름을 사용하는 건 가능해요. 예를 들어, 상표 등록을 하지 않고 본인의 지갑에 '이효리'라고 표기하고 사용하는 건 문제가 안 돼요. 하지만 그 지갑을 판매하면 문제가 되는 거죠.

마지막으로 이미 '이효리'라는 상표가 있을 경우에는 사용 목적을 따져서 판단해요. 결론적으로 같은 이름이어도 유명한 사람이 있다면 출원과 등록, 사용이 사실상 불가능하다고 봐야죠.

특허라고 하면 굉장한 기술이어야 할 것 같은데 특허로 인정받을 수 있는 기준이 있나요?

편 특허라고 하면 굉장한 기술이어야 할 것 같은데 특허로 인정받을 수 있는 기준이 있나요?

유 네. 특허법에는 상당히 여러 요건을 명시하고 있어요. 또한, 특허를 받을 수 없는 기준도 있어요. 특허가 안 되는 것 중 가장 대표적인 것으로는 자연법칙에 위배되지 않아야 한다는 것이에요. 예를 들어, 박찬호 선수의 투구법이나 금난새 지휘자의 지휘법은 '자연법칙을 이용한 기술적 사상'이 아니에요. 그렇기 때문에 당사자가 특허 신청을 해도 발명의 성립성이 부정되어 등록을 받을 수 없죠. 사실 투구 방법이나 지휘 방법을 기술적으로 표현할 수 없을 뿐만 아니라 표현했다고 하더라도 동일하게 따라 할 수 없으니까요.

이 외에도 신규성과 진보성이 없으면 특허가 안 돼요. 그런데 사실 "태양 아래 새로운 것은 없다"라는 말이 있듯이 신규성을 판단하는 것은 매우 어려운 일이에요. 그래서 신규성의 기준을 동일성으로 봐요. 동일한 기술이 아니면 신규성이 있다는 거죠. 그런데 동일하지 않으면 얼마나 동일하지 않은가?라는 측면이 또 진보성의 판단 기준이 되기도 해요. 분명히 B라는 기술은 A라는 기술에서 파생됐는데 별개 특허를 내줄 정도로 압도적인 진보성을 가지고 있는지, 진보성의 수준은 어느 정도인지 판단해야 하는 거죠. 물론 수치화, 객관화하기 어렵기 때문에 해당 기술의 진척 정도 등으로 판단해야 하는 어려움이 있어요.

이런 것도 특허가 되나 싶을 정도로
의외의 것도 있나요?

📓 이런 것도 특허가 되나 싶을 정도로 의외의 것도 있나요?

🧑 아, 최근에 레시피 특허가 좀 있었어요. 일반적으로 요리법이 어떻게 특허가 될 수 있냐고 생각할 수 있는데 눈에 보이지는 않지만, 분명히 존재하는 기술이니까 레시피도 특허를 받을 수 있어요. 소프트웨어의 로직과 같이 방법 특허의 연장선에 있다고 생각하면 돼요. 그래서 요즘에는 '특허받은 음료', '특허받은 레시피'라는 카피로 광고도 하는 것 같아요. 또, 뷰티 분야에서 네일아트의 젤 건조 방법도 특허가 됐어요. 기존의 문제점을 개선한 방법과 기기 등이 모두 등록 가능한 기술이었거든요.

업무를 수행하는 과정에서
가장 신경 쓰는 것은 무엇인가요?

📝 업무를 수행하는 과정에서 가장 신경 쓰시는 것은 무엇인가요?

🧑 고객의 만족이죠. 고객이 만족했는지 안 했는지가 가장 중요해요. 만약 마지막까지 노력했는데도 특허 등록이 안 될 수도 있잖아요. 그럴 경우에도 고객은 만족할 수 있거든요. 그건 발명의 내용과 관련된 사항이니까요. 그런데 고객도 만족하지 못했다고 하면 사실 그건 문제가 있는 거죠. 뭔가 불만이 있다는 거니까요. 이런 경우 불만사항을 표출하면 차라리 나은데 그렇지 않은 고객도 있거든요. 그래서 고객 만족에 가장 신경 쓰고 있어요.

📝 근무하던 회사의 기술에서 모티브를 받아서 특허 출원하려는 경우도 있나요?

🧑 많죠. 그런데 그런 경우는 선행기술을 조사하면 웬만큼 다 나와요. 고객도 솔직하게 이야기를 해요. 이전에 다니던 회사에서 담당했던 기술에서 조금 더 발전시켰다는 식으로요. 그러면 저희는 그 부분을 피해서 등록받을 수 있도록 자문을 하죠.

신기술을 계속 공부해야 한다고 했는데,
일을 잘 수행하기 위해 따로 노력하고 있는 것이 있나요?

편 신기술을 계속 공부해야 한다고 했는데, 일을 잘 수행하기 위해 따로 노력하고 있는 것이 있나요?

유 기술 동향 뉴스를 계속 모니터링해요. 특허청에서 배포하는 것도 있지만, 저 스스로도 많이 찾아봐요. 주식도 잘 살펴야 해요. 기술 동향과 주식은 떼놓을 수가 없거든요. 신기술과 맞물려서 주식이 변동하니까요. 특히, 이번 코로나19로 인해 주식이 급등한 제약 회사인 경우 어떤 기술 있는지, 어떤 원리로 개발이 이루어지는지 등을 찾아봐요. 그 외에 관심 기술이나 유망 기술들은 따로 공부하고요.

저는 기계 분야가 전문이다 보니 차량 쪽에 관심이 많아요. 내연 기관 차량도 있지만, 배터리로 가는 차도 있어요. 현재 고객 중에 자동차 관련 배터리 업체가 있는 것은 아니지만 제 관심 분야라서 계속 공부하고 있죠. 최근에 LG화학이 전 세계 배터리 시장에서 1위를 선점했어요. 이 시장이 커지면 LG화학에서 외주를 받는 업체들이 생길 수도 있고, 경쟁사가 나타날 수도 있겠죠. 언젠가는 이와 관련한 특허 업무를 할 가능성 있기 때문에 미리 공부해 놓는 거예요. 그때 가서 시작하면 이미 늦으니까요.

편 신기술을 제일 먼저 접하니까 주식도 잘하겠네요.

유 네. 주식 잘하는 변리사가 많아요^^. 아예 동업을 하는 경우도 있고 투자를 하기도 하죠.

스트레스는 어떻게 해소하나요?

편 스트레스는 어떻게 해소하나요?

유 운동을 해요. 운동을 극한으로 하는 편인데 스트레스를 풀려고 하는 가벼운 운동이 아니라 일보다 더 힘든 운동을 선택했어요. 제가 철인 3종 경기를 하는데, 이 경기는 보통 새벽에 출발해서 오후 늦게 골인을 해요. 7~8시간을 쉼 없이 하다 보면 빨리 이거 끝내고 일하고 싶다는 생각이 들어요. 그렇게 운동으로 주말을 보내고 출근하면 엄청 편안한 거죠. 그래서 일이 힘들 때는 그런 생각을 해요. 한여름 땡볕에서 달리는 것보다 이렇게 일하는 게 낫다고.^^

편 이 일을 하면서 좌절감을 느끼거나 포기하고 싶었을 때가 있었나요?

유 그런 경우는 거의 없었던 것 같아요. 물론 저녁 늦게까지 고객을 만나고 개인 시간 구분 없이 업무에 할애할 때는 체력이나 감정 소모가 많아서 집에 오면 처질 때도 있긴 해요. 하지만 포기할 정도는 아니죠. 주말에 가족과 보내면 주중에 느꼈던 힘든 순간들을 잊어버려요.

취미로 사이클을 타다가 달리기가 좋아서 달리기까지 하다 보니 어느새 철
인 3종을 하게 되었다. 힘들고 고된 현실보다 더 고통스러운 수준의 운동을
하다 보면 현실이 달콤하게 느껴지기도 한다.

Job
Propose 35

성취감을 느끼는 순간은 언제인가요?

편 성취감을 느끼는 순간은 언제인가요?

유 저희가 논리로 싸우는 사람이어서 그런지 아무래도 논리가 먹혔을 때 성취감이 있어요. 특허 출원에서 거절당한 케이스 또는 극복하기 어려운 케이스를 제가 생각했던 논리로 극복했을 때 정말 짜릿하죠. 내가 생각했던 게 맞았다는 걸 확인하는 순간이니까요. 또, 침해 내용에 대한 반박이 성공하거나 반대로 침해를 당한 고객의 대리인 입장에서 작성하는 경고장의 논리가 적절해서 상대방에게 사용 금지를 이끌어냈을 때도 성취감을 느끼죠.

특히 이런 업무 성과에 대해 고객에게 즉각적인 인정 피드백을 받고, 고객의 고마움이 저에게 전달될 때 가장 보람을 느껴요. 고객을 만족시키고 인정받은 거잖아요. 그럴 때 희열을 느끼고 다음 일의 원동력이 돼요.

시간이 날 때는 어떤 일을 하나요?

편 시간이 날 때는 어떤 일을 하나요?

유 주요 관심사는 육아예요. 아이가 이제 16개월이거든요. 아이와 노는 시간을 늘리려고 하고 있어요. 양성평등 사회에서 육아는 돕는 것이 아니라, 함께 하는 것이라는 것을 굉장히 많이 느끼고 있어요. 일이 힘들다고는 하지만 아이를 돌보는 것이 더 힘든 일이라는 걸 알거든요. 그래서 평일 저녁이나 주말에는 최대한 제가 육아에 신경 쓰고 있어요.

그 외에 시간이 나면 어학 공부의 일환으로 자막 없이 외국 영화나 드라마를 보고 있어요.

아직 자신에게 부족한 점이라고 느끼는 부분이 있나요?

편. 아직 자신에게 부족한 점이라고 느끼는 부분이 있나요?

유. 그렇죠. 사실 완성형 변리사가 있을까 싶어요. 저는 매 순간 각 포인트마다 어느 정도의 부족함을 느끼고 있어요. 그중에서도 더 잘하고 싶은 부분은 문서 작성이에요. 문서에서 동일한 내용을 표현할 때 간결하고 정확하게 정리하고 싶어요. 우리 일이 주로 서면으로 각자의 주장과 논리를 전달해야 하거든요. 내가 작성한 서면을 상대방이 읽고 판단하게 해야 하는데 가독성이 떨어지거나 중언부언하면 설득력이 떨어지니까요.

A4 용지 다섯 장에 걸쳐 설명하는 것보다 한 장에 정확하고 간결하게 표현하는 것이 이해에 더 도움이 되기도 하잖아요. 쓸데없이 양을 늘리고 부풀리는 것보다 핵심을 정확히 짚은 문서가 중요하죠. 그래서 간결하고 정확하게 전달하는 방법에 대해 연구하고 고민하고 있어요.

편. 글쓰기 능력이 중요하겠네요.

유. 맞아요. 표현이 정확하지 않으면 심사관이 이해를 못 하고 읽기 싫은 글이 되잖아요. 물론 보지도 않고 거절하지는 않겠지만 아무래도 인상이 좋지는 않겠죠. 사실 의견서 작성에 있어서 표준화된 양식이 있는 것도 아니고 매수 제한도 없어서 500장짜리 의견서를 제출해도 되지만, 심사관이 하루에 심사해야 할 양이 정해져 있는데 가독성이 나쁘거나 중언부언하는 명세서를 누가 좋아하겠어요. 그래서 문서를 잘 작성하는 것이 중요해요.

대부분 처음에는 선배 변리사의 형식을 따라가는 경우가 많아요. 하지만 경력이 쌓이면서 극복을 하는 경험들이 생기면 점차 자신만의 스타일이 생기게 되죠.

역량을 쌓기 위한 변리사님만의 팁이 있다면
어떤 것이 있을까요?

편 역량을 쌓기 위한 변리사님만의 팁이 있다면 어떤 것이 있을까요?

유 아침에 일찍 일어나는 것을 저는 중요하게 생각하고 있어요. 변리사시험 준비하면서 굳어진 습관인데 늦어도 다섯 시에는 일어나거든요. 개업하기 전 특허법인에서 근무할 때도 새벽에 출근했어요. 그래서 이상하게 보는 사람들도 있었죠. 너무 일찍 출근하니까. 그때가 2010년 초반이라 변리사가 야근을 하는 게 당연시되던 시기인데 저는 일찍 출근하고 생각보다 일찍 퇴근하니까 그것도 좋게 보지는 않는 것 같더라고요. 하지만 새벽에 출근해서 일하면 업무 효율이 높아요. 정신이 맑아서 집중력도 높고, 일도 잘돼요. 조용한 시간에 최대한 집중하는 것이 저만의 팁 아닌 팁이에요.

변리사란

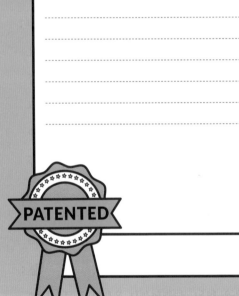

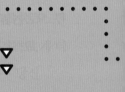

#2.

내가 만든 발명품을
기업에게 빼앗긴다면?

《플래쉬 오브 지니어스》, 2008

일정한 속도로 작동하는 자동차 와이퍼를 고안한 밥 컨즈와 그의 발명 특허를 가로챈 포드자동차 회사 간의 법적 분쟁을 다룬 실화를 바탕으로 한 영화다.

로버트 컨즈(그렉 키니어)는 지방대학에서 응용전기공학을 가르치는 교수이자 파트타임 발명가이다. 비 오는 일요일 날 가족들과 교회 예배에 참석하고 돌아오는 길에 와이퍼의 불편함을 느껴 비 오는 양에 따라 속도 조절이 가능한 와이퍼를 개발하고 1967년에 특허권을 얻었다.
친구인 길 프리빅(더못 멀로니)과 비즈니스 파트너가 되고 그의 발명품은 포드사의 관심을 끌었으나 제품정보와 샘플을 건네주자마자 연락이 끊어지고 같은 제품이 포드의 새 자동차에 장착된 것을 발견해 포드를 고소하게 된다.

가장 주된 쟁점은 컨즈의 발명이 과연 진보성을 인정받을 수 있는지였다. 진보성은 특허가 등록되기 위한 가장 중요한 요건 중 하나이기 때문이다. 새로운 내용 없이 그저 '재배열'한 것뿐이라는 포드의 주장에 컨즈 박사는 다음과 같이 반박한다.

"여기 찰스 디킨스의 『두 도시 이야기』가 있습니다. 모두 이 책을 읽어보았을 겁니다. 처음 몇 문장을 읽어드리겠습니다.
'그것은 가장 적절한 시기였다. 그것은 지혜의 시대였고, 어리석음의 시대였다.'
찰스 디킨스는 '그것'이라는 말도, '가장 적절한'이라는 말도, '시대'라는 말도 만들지 않았습니다. 찰스 디킨스가 한 일은 그 단어들을 '재배열'한 것뿐입니다."

컨즈 박사는 찰스 디킨스가 재배열을 통해 새로운 것을 만들어낸 것처럼 저항, 트랜지스터, 콘덴서 등의 부품은 이미 있는 것이지만 이것의 재배열을 통해 전화기, 와이퍼, 인공위성 등이 발명될 수 있다고 주장했다. 결국 단순 조합이 아닌 재배열을 통한 창작도 발명의 진보성이라는 것을 인정받게 함으로써 컨즈 박사는 포드로부터 거액의 손해배상금을 받게 된다.

변리사라는 직업에 대해 소개해 주세요.

편 변리사라는 직업에 대해 소개해 주세요.

유 변리사는 지식재산(아이디어, 기술 등)을 특허권으로 만들어 보호해주고 이를 사용하고 활용하는 데 도움을 주는 전문가를 말해요. 변리사법 제2조에 따르면 '특허청 또는 법원에 대하여 특허, 실용신안, 디자인 또는 상표에 관한 사항을 대리하고 그 사항에 관한 감정과 그 밖의 사무를 수행하는 것을 업으로 하는 사람'이라고 정의돼 있어요.

쉽게 풀어서 설명하면, '지식재산 전문관리자' 또는 '지식재산 변호사'로 이해하면 될 거 같아요. 일반인 또는 기업에서는 전문적으로 '지식재산'에 대해 획득, 관리 및 분쟁에 대한 대응이 필요하거든요. 특허가 필요하거나 상표 분쟁이 생겼을 때 변리사는 대리인 자격으로 업무를 처리하게 되죠.

편 구체적으로 어떤 일을 하나요?

유 어느 곳에서 근무를 하느냐에 따라서 구체적인 업무 내용이 달라질 수 있어요. 크게 3가지로 나눌 수 있는데 첫 번째, 특허사무소나 특허법인에서 근무하는 경우에는 새로운 기술에 대한 발명이나 상표, 디자인에 대한 특허 출원 대리나 등록을 맡는 업무를 주로 해요. 이후에는 분쟁이 발생했을 때 대응을 맡게 되고요. 침해 회사에 경고장을 보내고 심판, 소송 등 의뢰인 입장을 대변하는 업무를 수행하는 거죠.

두 번째, 기업이나 산학협력단, 기관 등에서 일하는 변리사는 해당 기업이나 기관의 이익을 대변할 수 있도록 그 내부에서 나오는 발명에 대한 아이디어 평가를 주로 해요. 정말 특허를 낼 정도의 기술과 발명인지에 대한 판단이 필요하거든요. 연간 목표한 특허 출원 개수를 만족하고 있는지 등 내부 관리를 하는 거죠. 그리고 내부 관리된 결과를 외부의 특허사무소와 공유하고 협업하면서 특허사무소의 대리 행위에 대한 적절성 판단 등의 업무를 해요. 외부 특허사무소가 작성한 명세서나 의견서 보정 상태 등을 체크하고 점검하는 일이죠.

코로나19 와중에도 관련 콘퍼런스는 빠지지 않고 참석하여 실시간으로 변하는 국제 지식재산권 흐름을 놓치지 않으려고 노력하고 있다.

세 번째, 특허청에서 일하는 경우에요. 이런 경우에는 발명에 대한 심사를 하기 때문에 특허사무소의 변리사와는 전혀 다른 역할을 하는 셈이죠.

저는 변리사를 '아이디어를 관리하는 사람'이라고 생각해요. 다시 말해서 변리사는 IP(Intellectual property, 지식재산권) 관리자라 할 수 있죠.

편 업무를 의뢰받을 때부터 완료하는 과정에 대해 대략적으로 설명해 주세요.

유 먼저 발명자 상담을 해요. 상담을 통해서 발명자 본인이 가지고 있는 아이디어가 특허성이 있는지 여부를 판단하는 거죠. 앞에서 말씀드린 예와 같이 박찬호의 투구 방법 같은 경우는 특허성이 없다고 알려드려야 하니까요.

그다음 선행기술 조사를 해요. 신뢰성, 진보성 여부, 동일한 특허가 있는지 등을 파악하는 거죠. 그런 조사를 한 후 유사한 특허가 있으면 차별점을 어떻게 어필할지에 대해 발명자와 논의해요. 그 결과를 보고서로 만들어서 다시 한번 미팅을 하죠. 만약 우리가 찾은 차이점이 있지만, 등록을 위해서는 그것만으로 부족하다는 판단이 들면 차이점을 극대화해야 하니까요. 그 자리에서 같이 발전시킬 수도 있고, 발명자가 더 개발하기도 해요. 보고서를 업데이트한 후 그 내용으로 출원 진행을 하는 거예요. 출원 결정된 특허명세서를 특허청에 접수하면 특허 출원이 완료돼요.

특허 출원을 하면 특허청에서는 등록 가능 여부를 심사하는데 바로 등록이 될 수도 있지만, 거절할 수도 있어요. 거절되면 거절 사유와 함께 통지가 와요.

거절 이유를 확인하고, 극복하기 위한 보정서와 의견서를 작

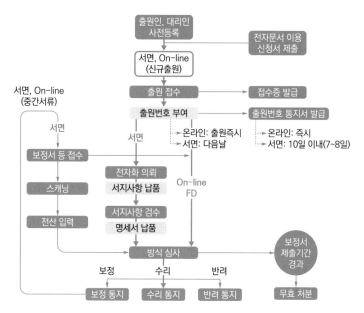

특허 출원의 접수 및 처리 흐름도

성해 다시 특허청에 제출해요. 그렇게 보정서를 작성하면 대부분은 극복이 돼서 등록증이 나와요. 만약 이 단계에서도 등록을 받지 못하면 재심사나 불복 심판 청구를 하죠.

편 특허 기간은 얼마나 되나요?

유 특허권의 효력은 최초 출원일부터 20년이에요. 최장 20년이고 특허료를 납부하지 않으면 만료돼요. 특허료는 한 번에 납부할 수도 있고, 2~3년마다 연장하면서 납부하기도 해요. 대부분은 3년씩 분할하면서 상황을 보죠.

특허에 20년의 기한을 두는 이유는 특허법의 목적이 개인한테 재산권을 주는 개념도 있지만, 공익적인 측면도 있기 때문이에요. 예를 들어, A라는 기술이 개발됐다면 그 기술을 바탕으로 더 새로운 B라는 기술이 개발될 수 있잖아요. 기술이 공개되면 산업 발전에 기여할 수 있다는 의미죠. 이게 공익적인 측면이에요. 그래서 20년이 지나면 아무리 뛰어난 기술이라 하더라도 사유화할 수 없어요. 물론 20년 이상 사이클이 가는 기술은 굉장히 좋은 기술이고, 원천 기술에 가깝지만 20년 동안만 권리 주장이 가능하고, 그다음부터는 공중 재산이 되는 거죠. 참고로 실용신안은 10년이에요.

📭 특허증이 나오면 일이 완전히 끝나는 건가요?

🈯 일단 특허권이 나오면 그 업무는 끝나요. 하지만 의뢰했던 일이 끝나더라도 지속적으로 기술 개발이 이루어지기 때문에 계속 출원 의뢰는 맞물려서 돌아가요. 기업에서 기술 개발을 한 번만 하고 끝나는 경우는 없으니까요. 그 기업이 존재하는 한 기술 개발은 이어지죠.

특허 출원은 변리사만 할 수 있나요?

편 특허 출원은 변리사만 할 수 있나요?

유 아니에요. 개인 출원도 가능해요. 그런데 개인 출원을 했다가 거절돼서 의뢰하는 경우들이 있어요. 소자본으로 사업을 하는 분들 중에는 아이디어를 권리화하는 걸 좋아하는 분들이 있거든요. 사업적으로 쓸 건 아니지만 출원 자체에 의의를 두고 일단 출원 등록을 하고 싶은 경우죠.

간혹 정말 등록하고 싶은 아이디어가 있는 분들도 있어요. 이런 분들은 개인 출원을 시도하다가 결국 특허사무소에 찾아와요. 사실 변리사가 쓴 명세서가 아니면 극복하기 어렵거든요. 변리사는 극복할 가능성을 염두에 두고 명세서를 전략적으로 작성해요. 반박 요소까지 몇 단계를 생각해서 명세서를 쓰는데 변리사가 아닌 사람들은 그것까지 신경 쓰지는 못하기 때문이죠.

그런데 개인 출원을 하는 대부분은 명세서 포맷을 틀려서 반려되는 경우가 많아요. 출원서 수리 자체가 안 되는 거죠. 이렇게 포맷을 틀리는 경우에는 해당 반려 사유를 수정해서 다시 제출하더라도 또 다른 반려 사유가 나와요. 그런 식으로 출원서 작성만 하다가 끝날 수도 있어요. 출원서 제출에 성공하더라도 출원의 불

수리 사유만 없는 출원서일 뿐이지, 정말 특허를 받기 위한 발명의 내용이 알차게 들어가는 명세서는 아닌 경우가 많죠.

그런 분들을 위해 특허청 서울사무소에서 운영하는 공익변리사 제도가 있어요. 사실 공익 변리 활동을 하다 보면 훌륭한 발명인데 왜 자꾸 거절 통지가 나오냐고 하는 분들이 많아요. 발명 내용을 떠나서 양식 자체가 잘못된 것인데 그걸 모르는 거죠. 극복을 위해서나 등록 후에 권리화를 제대로 하기 위해서는 변리사를 통해서 출원하는 것이 좋아요.

개인 출원으로 등록하는 경우는 거의 없어요. 10,000건 중 1건도 안 될 거예요. 심사관은 거절하는 게 업무이기 때문에 양식이 잘못되었거나 논리가 부족한 경우에는 그냥 거절하거든요. 부실 특허 양산을 방지하기 위해서 심사관들은 거절을 해야 하는 입장이에요.

🔲 심사는 서면으로만 하나요? 아니면 실사를 하기도 하나요?
🔲 무조건 서면이에요. 그렇기 때문에 의견서와 보정서도 잘 써야 하지만, 명세서 자체를 잘 써야 해요.

편 명세서는 변리사가 직접 작성하나요?

유 명세서 작성을 주로 하는 '명세사'가 있어요. 명세사는 라이선스(License)가 있는 건 아니고 특허사무소에서 오래 근무한 분들이 주로 맡아 하고 있어요. 하지만 변리사라면 경험을 쌓기 위해서 최소 한 번은 명세서를 직접 써 봤을 거예요. 그러다가 점차 명세서 작성 업무를 하지 않게 되는데 변리사에게 명세서 작성 업무까지 맡기기에는 비용 대비 효율이 나오지 않기 때문이죠. 고객들도 명세서 작성을 변리사가 직접 하지 않는 것에 대해서는 양해를 하는 편이에요. 명세서 작성 경험이 적은 변리사보다 오히려 경험이 많은 명세사가 더 잘 쓰는 경우도 있거든요. 사실 명세서는 경험과 노하우가 많을수록 잘 써요.

물론 변리사가 업무를 다 관리하는 것이 가장 좋겠죠. 만약 그걸 확인하고 싶다면 불시에 변리사에게 전화해서 발명 내용이나 대응 방법에 대해서 질문해 보면 돼요. 직접 관리하지 않으면 답변이 즉시 나오지 않을 테니까요.

변리사도 전문 분야가 있죠?

편 변리사도 전문 분야가 있죠? 전문 분야는 어떻게 나뉘나요?

유 네. 치과의사도 보철, 교정, 임플란트 등으로 분야를 나누는 것처럼 변리사도 전문 분야를 기준으로 구분할 수 있어요. 예를 들면, 넓게는 특허변리사, 디자인·상표변리사로 구분하고, 특허 변리사는 전공에 따라 전자, 기계, 화학, 바이오 등으로 구분하기도 하는데 그 선이 정확하게 그어져 있지는 않아요. 철저하게 고객 니즈에 따라서 나뉘는 거라고 보면 돼요. 분야를 구분해 놓으면 고객이 의뢰하기도 명확해지니까요.

분야에 따라 각기 다른 특허사무소에 의뢰할 수도 있지만 특허법인 내에서 전문 변리사를 지정할 수도 있어요. 예를 들어, 모바일 통신 쪽 일을 의뢰했던 고객이라면 그동안 전자전문 변리사가 일을 했을 거예요. 그런데 새롭게 핸드폰 디바이스 관련한 일을 맡기려면 전자 분야보다는 기계전문 변리사가 필요하잖아요. 이런 경우에는 다른 특허법인을 찾기보다 거래하고 있는 특허법인을 유지하면서 기계전문 변리사에게 맡기는 것이 편리하겠죠. 반대의 경우도 있어요. 특허 출원도 맡기고 상표, 디자인 분야도 의뢰라고 싶은 고객이라면 두루두루 다 할 수 있는 변리사가 필요하겠죠.

전문 분야는 대체로 대학 때 전공을 따라가는 것이 편해요. 물론 전문 분야라는 것이 결국 본인이 스페셜리스트로 활동할 영역을 결정하는 것이고, 이런 영역의 결정이 반드시 학부 전공을 따라야 하는 것은 아니지만, 지속적으로 담당해야 할 업무이기 때문이죠. 자신의 특·장점을 살릴 수 있는 영역이어야 성과를 낼 수 있으니까요. 지식수준이 상대적으로 많이 축적된 전공을 따르게 되는 것이 일반적이죠.

전문 분야라고 해서 허가나 신고가 필요한 건 아니고 반드시 전문 분야가 있어야 하는 것도 아니에요. 예를 들어, 큰 특허사무소에서 고용 변리사로 오래 근무하고 싶은 경우라면 전문 분야를 깊이 들어가는 게 좋겠죠. 하지만 10년 후에 개업을 생각하고 있다면 여러 사무소를 거치면서 경험을 쌓는 게 좋아요. 큰 사무소에서 전문 분야를 담당해 보기도 하고, 작은 사무소에서 여러 가지를 겪어 보기도 하는 거죠.

편 변리사님의 전문 분야는 무엇인가요?

유 저는 전공이 기계공학과라 기계가 전문이에요. 하지만 처음부터 개업의 뜻이 있었기 때문에 여러 분야를 경험했어요. 한 분야의 프로가 되는 것은 어려울 뿐만 아니라 프로라고 하더라도 제약이 많은 게 싫더라고요. 여러 분야를 두루두루 잘 상담하고 진행하는 것이 저와도 잘 맞는 것 같아요.

예술이나 엔터테인먼트 분야의 저작권도
변리사의 업무인가요?

📕 예술이나 엔터테인먼트 분야의 저작권도 변리사의 업무인가요?

유 네. 그런데 저작권은 조금 애매한 부분이 있어요. 특허청은 산업기술자원부 소속인데, 저작권은 문화체육관광부 소속이거든요. 소속이 달라서 발생하는 문제가 있긴 하지만 어쨌든 저작권도 당연히 변리사의 업무 영역이에요.

저작권 업무 중에는 정부에서 지원하는 사업도 많아요. 예를 들면, 한국콘텐츠진흥원과 지식재산보호원이 같이 하는 지원 사업이 있는데 게임, 방송, 애니메이션, 캐릭터, 만화, 음악 등에 대한 출원 지원을 해주는 거예요. 좋은 콘텐츠가 있어서 해외로 진출하고 싶은데 여건이 안 되는 사람들을 지원하는 사업이죠. 정부는 특허사무소에 비용을 지원하고, 특허사무소는 콘텐츠 보유자를 지원하는 좋은 정책이죠. 단순히 저작권 보호 혜택뿐만 아니라 진출 계획에 대한 컨설팅까지 해주거든요.

📵 콘텐츠도 특허를 받을 수 있나요?

📵 콘텐츠 자체가 특허가 되기는 좀 애매하고, 디자인이나 상표가 된다고 할 수 있어요. 그래서 저작권 보호를 받죠.

📵 우리나라에서 받은 특허가 외국에서도 같은 효력이 발생하나요?

📵 이걸 설명하기 위해서는 '속지주의'라는 개념을 먼저 알아야 하는데요. 속지주의를 취하는 국가들은 국적과 관계없이 그 나라의 법률이 적용된다는 거예요. 특허는 속지주의를 따르거든요. 즉, 한국에서 받은 특허는 대한민국 영토 내에서만 영향을 미친다는 거죠. 예를 들어, A 기업의 한국 특허기술을 B 기업이 중국에서 무단 사용한다고 해도 A 기업이 중국 특허가 없으면 권리 주장이 안 돼요. 그러니까 해외 진출을 위해서는 해당 국가의 특허를 받아야 해요.

그래서 변리사는 발명자의 이슈를 잘 전달하기 위해 어학 능력도 아주 중요해요. 해당 국가의 대리인과 협업을 해야 하고, 그쪽 심사관의 거절 이유를 정확하게 알아야 하는데 언어를 모르면 곤란하죠. 변리사의 역할은 고객의 이익을 최대한 대변하는 것이니까 통역 없이 해외 업무를 처리할 수 있는 것이 좋아요.

결론적으로, 우리나라에서 받은 특허는 외국에서 효력이 없어요. 미국에 진출하려면 미국 특허가 있어야 해요. 그래서 만약 국내 판매를 하지 않아도 되는 경우에는 굳이 한국 특허를 받지 않고 곧바로 해외로 진출하기도 해요. 그런데 우선권 주장이라고 해서 한국에서 출원한 날을 미국에서 출원한 날로 봐주는 규정이 있어요. 만약, 2020년에 한국에서 특허 출원한 회사가 사업이 커져서 2021년에 미국으로 진출하게 됐다고 해봐요. 미국에서 특허 출원을 하는데 2021년을 출원일로 하면 불리할 수 있잖아요. 그런 경우 우선권 주장을 이용해서 미국에서의 출원일도 2020년으로 만들 수 있어요.

각자 목표한 사업 방향에 따라 IP 전략도 그에 맞춰 함께 세워져야 하는 거죠.

외국에서 상표나 디자인 분쟁이 일어났을 때 변리사의 역할은 무엇인가요?

편 지금과 같은 글로벌 시대에는 외국에서 상표나 디자인을 도용하는 경우도 있을 것 같아요. 이런 분쟁에서 변리사의 역할은 무엇인가요?

유 분쟁에서 최선의 해결책은 예방이에요. 변리사는 이런 예방을 위해서 고객이 진출하려고 하는 국가에 대한 선행기술 조사, 선행상표 조사를 꼼꼼히 해야 해요. 예를 들어, 우리나라 기업이 중국에 진출하고 싶어서 출원을 했는데, 나중에 알고 보니 중국에 같은 특허나 상표가 있다고 하면 그야말로 돈 낭비, 시간 낭비죠.

해외도 국내 절차와 거의 비슷해요. 변리사는 선행조사를 잘해서 동일한 기술이나 상표가 있는지, 있다면 얼마나 유사한지 등을 조사하고 바로 출원을 할지, 좀 더 발전시켜서 할지 여부를 판단해서 분쟁 가능성을 구체적으로 타진하는 역할이에요.

해외 진출에 앞서 특허맵 작업을 하는 것도 좋아요. 특허맵이란 특허 선행조사나 타사의 특허전략을 파악하는 데 있어 가장 강력한 툴이에요. 각각의 기술마다 특허 관계가 어떻게 이루어져 있는지 일목요연하게 알 수 있도록 만든 특허 지도죠. 기본 특허에서 시작해 개량, 응용 특허나 도입 특허를 정리하는 거예요.

한번 만들어 두면 기술 개발에 있어서 위력을 나타내요. 예를 들어, 진출 예상 국가를 미국, 중국, 일본, 유럽 등으로 선정하고 선행기술 조사를 한다면 10,000개 이상 나올 수도 있잖아요. 필터링을 통해 걸러내서 3,000개 정도가 남는다면 거기서 유효 특허 1,500개 정도를 뽑아서 리스트를 작성해 놓는 거예요. 마지막으로 그 국가에 진출했을 때 문제가 될 수 있을 핵심 특허를 선별해 구성 요소 하나하나를 비교한 보고서를 작성하는 거죠.

해당 국가별로 R&D(Research and development, 연구·개발) 방향에 대한 컨설팅도 하고, 신규성이나 진보성이 문제 되지 않는 국가인 경우에도 최대한 권리 범위를 넓히기 위해서 명세서 수정 방향까지 컨설팅하는 거예요. 이렇게 컨설팅을 받아서 진출하는 경우와 아닌 경우에는 전혀 다른 결과가 나오거든요.

편 선행 조사는 어떻게 하는 건가요? 웹 서치만으로 가능한가요?

유 유료 데이터베이스를 사용해요. 대부분의 특허사무소들은 이런 유료 DB를 다 쓰고 있어요. 그렇기 때문에 일반인들은 사실 조사하기가 거의 불가능하죠. 해당 국가의 특허청에 들어가서 그 나라 언어로 검색을 해도 잘 안 나오거든요. 그런데 변리사는 그걸 다 찾아서 상세 비교 분석까지 할 수 있는 거죠.

소자본 스타트업에서는 특허맵을 시도하기가 어렵기도 해요. 스타트업도 IP 관리 비용으로 보통 연 2,000~3,000만 원 정도의 비용을 사용하거든요. 이 비용도 부담스러운데, 사업 초기에 특허 맵을 하라고 하면 너무 부담이죠. 물론 효과가 있다는 건 고객들도 잘 알아요. 특허맵을 하고 진출하면 성장 폭과 속도가 훨씬 빠르거든요. 그게 눈에 보이니까 가능성이 있는 회사를 만나면 규모를 조정하더라도 특허맵은 꼭 하라는 조언을 하기도 해요. 6개국 특허맵을 하는 것과 2개국을 하는 비용은 차이가 있으니까요. 규모를 축소하더라도 특허맵을 하는 것이 좋다는 의견을 드리죠.

편 분쟁에서 변호사와 변리사의 역할은 어떻게 다른가요?

유 변리사는 기술적인 부분에 대한 자문이 필요하기 때문에 고객과의 미팅이나 서면 작성 때 개입을 많이 해요. 관련 내용을 변호사에게 전달하는 역할을 하죠. 법정까지 갈 필요는 없지만, 증인이나 참고인의 입장으로 참석해서 진술할 수도 있어요. 그래서 변리사, 변호사가 필요한 경우에는 공동으로 들어가는 경우도 있어요.

외국의 변리사와 다른 점이 있나요?

편 외국의 변리사와 다른 점이 있나요?

유 하는 일은 비슷해요. 변리사 업무가 출원하고, 심사 극복하고, 등록받고, 경고장 받으면 싸우고, 심판하는 일이니까요. 다만 시스템 자체가 약간 다른 국가들이 있어요. 우리나라처럼 '변리사'라는 라이선스를 따로 두는 국가도 있고, '특허대리인(Patent Agent)'과 '특허변호사(Patent Attorney)' 등으로 역할을 구분하는 나라도 있어요. 업무만 비교하면 특허변호사가 우리나라 변리사랑 거의 비슷해요. 특허대리인의 경우 명세서 쓰고 대리하는 업무는 가능한데, 심판 소송에는 참여를 안 하거든요. 이런 정도를 제외하고 사실 하는 역할은 다 비슷해요.

언제부터 이 직업이 생겼는지 궁금해요.

[편] 언제부터 이 직업이 생겼는지 궁금해요.

[유] 2020년 현재 변리사시험이 57회이니까 1회 변리사시험은 1964년에 시행됐네요. 그러니까 공식적인 시험 출신 변리사는 1964년도부터 배출된 거죠. 초기 변리사는 1년에 2~3명 합격하는 수준이었어요. 지금도 변리사라는 직업에 대해 잘 모르지만, 초창기에는 무슨 직업인지 몰랐다고 해요. 병아리 감별사인가 하는 수준이었죠.^^

지식재산 관련해서 사회적 인식이 약하다 보니 변리사의 수요가 극히 드물었던 거죠. 시간이 흐르면서 합격자 수가 차츰차츰 증가해서 100명 정도 되다가 2000년도 들어서 1년에 200명씩 합격하는 수준까지 올라왔어요. 지식재산에 대한 사회적 인식과 이에 대한 중요성이 부각되면서 수요가 급증하기 시작했어요.

[편] 현재 변리사로 활동하시는 분은 몇 명인가요?

[유] 60, 70대분들은 사실상 거의 은퇴니까 현직이라고 보기는 어려울 것 같고, 필드에서 활동하는 변리사는 6,000여 명 정도인 것 같아요. 변호사와 비교하면 적은 편이죠.

편. 남녀 비율은 어떻게 되나요?

유. 제 기수를 예로 들면, 합격 동기가 200명인데 그중 여성이 60명 정도였어요. 여성 합격률이 많이 늘어났다고 하는데도 3분의 1이 안 되는 수준이죠. 아무래도 이공계 영향이 큰 것 같아요. 대한변리사회 통계에 따르면 남녀 비율은 75 대 25 정도예요.

여성 합격자 중에는 상대적으로 화학 분야가 많아요. 남자는 전자, 전기, 기계가 압도적이고 화학이 적은 반면, 여자는 기계 분야는 사실상 거의 없고 전자, 전기나 화학이 50%, 나머지는 법률 전공 등이죠.

편 수요는 많은가요?

유 네. 수요가 많아서 합격자를 200명으로 늘렸는데도 변리사는 여전히 부족해요. 특히 지식재산권의 확보뿐만 아니라 시대가 발전함에 따라 지식재산권의 다각도 활용 및 분쟁 관련 이슈가 새로 생겨나고 있기 때문에 수요는 꾸준히 증가하고 있어요. 요즘은 변리사를 필요로 하는 기관들이 더 다양하고 세분화돼서 오히려 특허사무소가 부족한 느낌도 있어요. 특허사무소를 제외하더라도 선택지가 많아지는 만큼 수요는 꾸준하게 많은 편이에요.

편 삼성과 애플 간의 분쟁 이후에 기업에서 변리사 채용이 많아졌다는 얘기도 있더라고요.

유 IP에 대한 인식이 달라진 계기 중 하나였죠. 2011년도에 벌어졌던 분쟁으로 햇수로 8년이 지난 2018년에 합의가 됐으니 그동안 얼마나 많은 기업들이 관심을 가졌겠어요. 결국 삼성이 합의금을 주는 걸로 끝이 나긴 했는데, 처음 애플이 삼성한테 요구한 금액이 10억 달러였거든요. 한화로 1조 4,000억이에요. 엄청난 분쟁인 거죠. 그걸 계기로 IP에 대한 인식이 많이 달라진 것 같긴 해요.

편. 미래에도 필요한 직업인가요?

유. 물론이죠. 오히려 미래에 더욱 필요한 직업이라고 할 수 있어요. 기존에 없던 대형 분쟁이 기하급수적으로 늘어나고 있고, 새로운 유형의 침해에 대한 분쟁이 예상되는 상황이기 때문에 첨단산업의 발전 속도가 증가하는 미래에 더욱 필요해요.

사실 로스쿨 제도가 생기고 변호사가 많아지면서 변리사까지 위협받는 것이 아닌가 하는 우려가 있어요. 왜냐하면 현행법상 변호사는 변리사 업무를 할 수 있다고 해석이 되기 때문이죠. 하지만 그런 논의가 있음에도 불구하고 아직까지 변리사 업무에 진출하는 변호사는 손에 꼽을 정도로 변리사는 굉장히 전문화된 직업이에요. 기술의 다양화가 심화되고 이에 대한 새로운 침해 양상에 대응 가능한 대리인이 요구되고 있기 때문에 전망은 아주 밝다고 생각해요.

편. 소위 전문직이라고 불리는 직업들이 인공지능에 대체될 것이라고 하는데 변리사는 어떤가요?

유. 이에 대해서 변리사뿐만 아니라 타 전문직 업계에서도 논의가 많은 것으로 알고 있어요.

변리사 업무의 경우 특정 분야에 한해서는 인공지능으로 대체될 수 있다고 생각해요. 선행기술을 조사한다거나 기술을 비교하는 업무는 인공지능이 잘 할 수 있겠죠. 하지만 그 외의 업무는 사람을 대체하기 힘들다고 생각해요. 변리사가 선행기술 조사를 위해 존재하는 것이 아니기 때문이에요. 예를 들어, 기술 구성이 A, B, C, D가 있는 특허와 A, B, C, D-프라임이 있는 특허가 있을 때 D와 D-프라임의 차이를 누가 판단할 것인지, AI에게 맡길 수 있는지, AI가 내린 판단을 따를 수 있는지, AI의 판단에 대한 필터링이 필요할 텐데 그때 점검은 누가 할 것인지 등의 문제가 있기 때문에 사람이 필요하다고 생각하거든요. 물론 개인 역량의 차이에 대해서는 조금 더 첨예해지겠죠. 역량 차이에 따른 문제가 논란의 핵심이 될 수는 있겠지만 인공지능이 변리사의 업무를 완전히 대체하기란 어려운 직종 중 하나라고 생각해요.

변리사가 되는
방법

#3.

팬데믹을 극복할 수 있는 치료제가 있는데 특허 때문에 만들 수 없다?

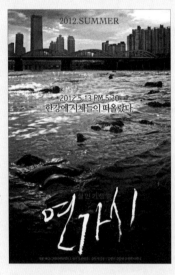

〈연가시〉, 2012

치사율 100% 변종 연가시 감염주의보! 전염병을 소재로 한 영화.

고요한 새벽녘 한강에 뼈와 살가죽만 남은 참혹한 몰골의 시체들이 떠오른다. 이를 비롯해 전국 방방곡곡의 하천에서 변사체들이 발견되기 시작하는데… 원인은 숙주인 인간의 뇌를 조종하여 물속에 뛰어들도록 유도해 익사시키는 '변종 연가시'.
짧은 잠복 기간과 치사율 100%, 4대강을 타고 급속하게 번져나가는 '연가시 재난'은 대한민국을 초토화시킨다.
그러던 중 약국에서 파는 '윈다졸'이라는 약을 먹고 증상이 없어졌다는 인터뷰가 나오고 사람들은 '윈다졸'을 구하려고 하지만 약을 구하는 것은 하늘의 별 따기.
제약회사 영업사원이었던 재혁(김명민)은 약의 유효성분만 같으면 윈다졸이 아니어도 상관없다는 것을 깨닫고 다른 제약회사들이 카피약을 만들 수 있도록 한다. 결국 치료제가 만들어지고 감염자들은 모두 치료된다.

"국가적 위난을 극복할 수 있는 기술에 대해 개인이나 기업이 특허를 가지고 있다면 국가는 어떤 조치를 취할 수 있는가?"

만약 치사율 100%의 전염병이 퍼졌는데 치료제가 있다면 우리나라에서는 치료제 특허권을 국가에 귀속시킬 수 있다. 특허권이 국가에 귀속되므로 치료제 또한 제3자가 생산하도록 허락할 수 있다. 물론 특허권자에게는 적절한 대가를 줘야 한다. 따라서 영화에서처럼 특허권자의 횡포로 인해 치료제가 부족해지는 상황은 벌어지기 않는다.

변리사가 되는 일반적인 방법은 무엇인가요?

편 변리사가 되는 일반적인 방법은 무엇인가요?

유 두 가지 방법이 있어요. 첫째, 특허청에서 시행하는 변리사시험에 합격하는 방법 둘째, 특허청에서 10년 이상 심사관으로 근무한 후 변리사시험을 일부 면제받아 자격증을 취득하는 방법이에요. 이 경우 1차 시험은 전체 면제이고, 2차 시험은 네 과목 중 두 과목을 면제해요. 특허청 근무 경력자가 변리사가 되는 경우는 전체 합격자 중 5% 미만인 것 같아요.

응시 자격 등 변리사시험에 대해 설명해주세요.

편 응시 자격 등 변리사시험에 대해 설명해주세요.

유 만 20세 이상이면 학력이나 성별, 나이에 상관없이 누구나 응시할 수 있어요. 매년 1, 2차 시험을 통해 200명을 선발해요.

1차 시험은 객관식으로 산업재산권법(특허법, 실용신안법, 상표법, 디자인보호법 및 조약 포함), 민법개론, 자연과학개론(물리, 화학, 생물, 지구과학) 등의 과목이 있고, 2차 시험은 논술형으로 특허법, 상표법, 민사소송법과 선택 과목이 하나 있어요. 올 2020년은 2차 과목 중에서 특허법과 상표법의 실무형 문제가 없어졌다고 해요. 아울러 공인 어학성적도 필요해요. 가장 많이 응시하는 토익시험을 기준으로 하면 775점 이상을 취득해야 해요. 이 기준은 외무고시에서 요구되는 영어점수와 동일한데 아무래도 국제적인 업무를 수행하는 업무 특성이 반영된 것 같아요.

1차 시험은 영어 점수를 제외한 변리사시험 과목 각 과목을 100점 만점으로 환산했을 때, 각 과목 40점 이상, 그리고 평균 60점 이상 득점한 응시자에 한해 고득점자순으로 합격자가 결정돼요.

2차 시험은 일반 응시자와 특허청 경력자로 나눠지는데, 일반 응시자는 1차와 마찬가지로 각 과목 40점 이상, 평균 60점 이상 중에서 고득점자순으로 합격자를 결정해요. 특허청 경력자는 각 과목 100점 만점으로 환산한 후 평균 득점이 일반 응시자 합격 점수 이상을 취득하면 바로 합격이에요.

편 변리사시험 경쟁률은 얼마나 되나요?

유 경쟁률은 높은 편이에요. 2020년 1차 시험 지원 규모도 지난해와 비슷한 수준인데 지원자가 3,300명 정도인 것 같아요. 지금도 그렇지만 예전에는 5,000명 이상 지원자가 몰리는 인기시험이에요.

1차에서는 최종 선발인원의 3배수인 600여 명을 합격시키니까 경쟁률이 5:1 정도라고 할 수 있겠네요. 1차 합격자에 한해 2차 시험을 볼 수 있는데 1차 합격자는 다음 해에 한 번 더 응시할 수 있는 기회가 있어요. 그러니까 올해 1차 합격한 600명과 지난해 2차에서 불합격한 400명이 같이 2차 시험을 보게 되는 셈이니 2차 시험 응시자도 1,000명 정도 되네요. 2차 경쟁률도 5:1 정도인데 1차 시험을 통과하고 온 응시자들이라 실질적 경쟁률이 아주 높다고 할 수 있어요. 정말 한 끗 차이로 당락이 결정돼요.

📵 시험의 난이도는 어떤가요?

🈯 응시 인원에 허수가 거의 없을 정도로 모두 공부를 치열하게 하는 편이어서 경쟁률 대비 난도가 상당히 높은 편이에요. 그리고 범위가 넓은 것도 시험이 어려운 이유 중 하나예요. 법률과 공학 과목을 동시에 공부해야 하니까 범위가 굉장히 넓죠. 특히, 문과생인 경우 1차 시험에서 물리, 화학, 생물, 지구과학을 대학교 일반 수준까지 공부해야 하니까 그 허들을 넘기기가 좀 어려워요. 시간 투자를 많이 해야 하죠.

이공계 학생들은 고등학교 때 웬만한 건 다 배우고 대학에서 계속 공부하기 때문에 큰 어려움이 없을 텐데 문과생들은 대부분 물리, 수학도 힘들어하잖아요. 거기에 화학, 생물까지 포함되니까 어렵다고 할 수 있죠. 예를 들어, 코로나 검사할 때 PCR(polymerase chain reaction, 중합 효소 연쇄반응)방법이라는 걸 써요. 유전자 증폭 기술인데 그런 내용이 시험에 포함되거든요. 시험 자체도 어렵지만 범위가 넓은 데서 오는 허들이 좀 있는 편이죠.

변리사님은 시험 준비를 얼마나 하셨나요?

[편] 변리사님은 시험 준비를 얼마나 하셨나요?

[유] 본격적으로 수험생활을 한 건 2년 정도인 것 같아요. 대학 1학년 마치고 군에 입대한 후 제대하고 시험 준비를 했어요. 49회 변리사 합격자 중 제가 군필 최연소 합격자예요.^^

시험에 합격하고 2학년으로 복학했어요. 취업에 대한 걱정이 없다 보니 후배들에게 학점 서비스를 해 줬죠. 저에게 필요한 공부는 했지만, 학점을 받기 위한 시험공부는 안 한 거죠. 물론 공부를 안 해도 된다는 말은 아니에요. 저 같은 경우는 좀 특별한 경우니까요.

변리사시험에 합격해서 자격증도 있는데 학점까지 잘 받는 건 비인간적이라고 생각했어요. 학점이 절실히 필요한 친구가 목숨 걸고 공부하고 있는데 저까지 학과 공부에 목매고 싶지 않았어요. 게다가 저는 3년 전액 장학금을 받았거든요. 우리 학교는 변리사시험에 합격하면 전액 장학금이 나왔어요. 부모님께 효도했죠. 제가 대학교 입학할 때 장학금을 받으면 학비는 모두 저에게 주겠다고 아버지가 말씀하셨는데 받지는 못했어요. 3년이니 3,000만 원인데...^^

시험을 통과하기 위해서는
어떤 수준의 준비를 해야 할까요?

편 시험을 통과하기 위해서는 어떤 수준의 준비를 해야 할까요? 변리사님이 준비했던 것들을 떠올리며 설명해 주신다면?

유 학과 공부를 잘 따라갈 수 있는 수준의 준비만 해도 될 것 같아요. 오히려 마음의 준비가 더 필요하죠. 왜냐하면 2~3년을 순전히 혼자서 계획 세우고 공부해야 하는 거잖아요. 공부하는 기간에도 명절이나 기념일 등이 있는데 그런 속에서 흔들림 없이 본인이 정한 스케줄대로 공부한다는 게 쉬운 일이 아니거든요. 멘탈 관리를 잘하는 것이 정말 중요하죠.

중·고등학교 시절에는 학교 공부를 충실히 하는 것이 최선이에요. 법률에 대해서 미리 공부하는 것도 사실 어불성설이니까요. 공부가 제대로 되지 않을뿐더러 그 시간에 학교생활을 잘하는 것이 더 바람직하죠.

편 본격적으로 수험생활을 시작할 때 학원에 다녀야 할까요?

유 본인 특성에 맞추는 게 중요해요. 학원을 풀로 이용하는 사람, 부족한 과목 정도만 수강하는 사람, 독학하는 사람 등 다양하거든요. 자기 페이스대로 하는 게 좋아요. 저는 학원을 선택적으로 이용했어요. 법 과목은 하나씩 다 수강했고, 이·공학 과목도 선택해서 들었죠. 내가 부족하다고 생각하는 과목들 위주로 수강한 것 같아요. 그리고 저는 공부 자체를 학원 독서실에서 했어요. 혼자 도서관에서 공부하는 게 잘 안 맞더라고요. 오히려 같은 시험을 준비하는 사람들과 어울려서 같이 공부하는 것이 좀 더 집중하기 편했어요. 여담으로 특허청 서울사무소가 역삼동에 있어서 그런지 변리사시험 전문 학원들은 역삼역 주변에 많아요.

유리한 전공이 있나요?

편 유리한 전공이 있나요?

유 아무래도 전자, 전기, 기계가 유리해요. 매년 합격생이 많이 나오는 계열이에요. 물론 다른 전공자가 없는 건 아니지만 확실히 전자, 전기 관련 전공자의 합격률이 가장 높고 그다음으로 기계, 화학 순이거든요. 그렇지만 응시하는 사람의 숫자도 전자, 전기 분야가 많기 때문에 반드시 유리하다고 할 수는 없어요. 이 밖에 순수이학 계열, 문과 계열도 합격자가 있기 때문에 본인이 자신 있는 전공으로 열심히 공부하는 것만이 합격으로 가는 가장 바람직한 길이라고 생각해요.

편 문과도 변리사가 될 수 있을까요?

유 물론이죠. 다만 앞에서도 말했듯이 1차 필수과목에 대학교 일반 수준의 물리, 화학, 생물, 지구과학이 포함되어 있기 때문에 공부해야 하는 양이 조금 더 늘어나겠죠. 하지만 법 과목에 대한 이해는 더 빠를 수 있어요. 특히 법 전공자 같은 경우에는 이과생이 법 과목을 이해하는 것보다 훨씬 빠를 테니 거기에서 아낀 시간을 이·공학 계열을 공부하는 데 투자할 수 있으니까 사실 불리하다고 생각하진 않아요. 결국 심리적인 문제죠.

편 외국어를 잘해야 하나요?

유 회화를 잘하면 일할 때 도움이 돼요. 하지만 모든 업무에서 그렇듯이 회화를 쓰지 않고도 업무를 수행하는 경우도 많기 때문에 반드시 외국어를 잘해야 할 수 있는 일은 아니에요.

물론, 변리사 업무의 특성상 외국과의 일이 많아요. 국내에서 자리를 잡은 기업이라면 외국에 진출할 일이 반드시 생기니까요. 외국의 문서를 읽을 수 있느냐, 없느냐는 퀄리티 차이로 이어지거든요. 외국어를 잘하면 경쟁력이 있죠.

학창 시절에 어떤 준비를 하면 좋을까요?

편 학창 시절에 어떤 준비를 하면 좋을까요?

유 주어진 환경에서 최선을 다하고 학교 공부에 충실하면 될 것 같아요. 한 발 더 나간다면 과학기술에 대한 관심을 가지고 해당 과학기술의 원리를 파악하는 데 흥미를 느끼면 좋을 것 같아요. 적극적으로 과학기술 대회라든지 올림피아드 시험 등을 준비하는 것도 좋고요. 이런 것 자체가 수학, 과학에 관심이 있다는 의미니까요.

편 변리사 중에 과학고 출신이 많은가요?

유 네. 뛰어난 친구들이 많아요. 과학고 조기졸업생도 있고요. 앞에서 경쟁률이 5:1이라고 했지만, 체감은 훨씬 높다고 할 수 있어요. 정말 한 끗 차이로 떨어지는 경우가 많거든요.

변리사가 되기 위해서
어떤 자질을 갖추어야 하나요?

편 변리사가 되기 위해서 어떤 자질을 갖추어야 하나요?

유 첫째, 학문적인 호기심이 있어야 해요. 적극적으로 뭔가 찾아 내려고 하는 학구열이 있어야 하는 일이죠. 둘째, 신기술에 대한 이해도가 높아야 해요. 예를 들어, 같은 스마트폰을 사용하더라도 기기 자체를 좋아하는 친구도 있겠지만, 어떤 원리로 작동하는지 궁금해서 관련 기술을 찾아보는 친구도 있을 거예요. 그런 자질이 있는 친구라면 변리사라는 직업을 재미있게 잘 할 수 있어요.

편 어떤 성격을 가진 사람이 적합한가요?

유 음… 요즘 용어로 "기술 변태"인 사람이 적합해요.^^ 스마트 폰을 예로 들면 막연하게 빠르다, 예쁘다는 걸 떠나서 어떤 기술 인지, 터치감은 어떤지 등을 궁금해하면서 심도 있게 찾아보는 거 죠. 그리고 꼼꼼한 성격이 잘 맞을 거 같아요. 문서 작성을 꼼꼼하 게 하는 것이 좋거든요. 변리사 중에는 꼼꼼함을 넘어 편집증적인 사람도 있어요. 오탈자뿐만 아니라 문서 형식까지 체크하기도 해 요. 사실 내용이 아무리 좋더라도 맞춤법이 틀리면 완성도가 떨어져 보이거든요.

저 같은 경우에는 꼼꼼한 스타일은 아니에요. 기술적인 호기심은 많은 편인데 문서 작성은 그렇지 않았거든요. 하지만 주변의 꼼꼼한 선배들에게 지도를 받으면서 달라졌어요. 지금은 아주 디테일하게 문서를 보게 됐어요. 심지어 카카오톡을 할 때도 맞춤법, 띄어쓰기 등을 엄청 신경 써요.

정리하면 꼼꼼한 성격, 과학 기술에 관심 있는 청소년이라면 잘 맞을 것 같아요.

🔲 유학이 필요한가요?

🔲 유학 자체가 도움이 된다기보다는 외국에서의 생활이 다양한 경험을 할 수 있다는 측면에서 좋을 것 같아요. 외국어도 배울 수 있고요. 그 정도의 장점은 있지만 필수는 아니죠. 물론 외국의 특허사무소나 특허청에서 일하고 싶다면 다르겠지만요.

변리사시험 합격 후에 연수 교육을 받나요?

편 변리사시험 합격 후에 연수 교육을 받나요?

유 네. 합격 발표가 11월 중순에 있는데 합격자들은 12월 중순부터 다음 해 2월 하순까지 2개월 정도 실무 연수를 받아요. 이 연수는 특허사무소 취업이나 대학교 졸업 여부 등과 상관없이 합격자라면 누구나 자신이 원하는 해에 받을 수 있어요. 따라서 합격한 해가 아닌 그 이후에 받는 것도 가능해요. 하지만 대부분은 합격한 해에 연수를 받죠. 연수를 받은 후 특허사무소에서 1년 동안 수습을 거치고 나면 라이선스가 나와요. 제가 합격했을 때만 해도 바로 라이선스가 나왔는데 지금은 수습 1년을 거쳐야 라이선스가 나오는 것으로 바뀌었어요.

변리사를 꿈꾼다면 이것만은 준비하라!

편 변리사를 꿈꾼다면 이것만은 준비하라!

유 첫째, 이공계로 진학하는 것이 좋아요. 변리사시험 공부에 도움이 되거든요. 물론 문과 계열이라고 해서 안 되는 건 아니지만 아무래도 접하지 않았던 분야에 대한 공부를 하기에는 좀 어렵기 때문이에요.

둘째, 뉴스를 보더라도 목적의식을 가지고 보는 것이 좋아요. 특히 이슈나 분쟁 동향, 기술개발 방향에 대해 관심을 가지고 보는 거죠. 현재는 IT가 강세이지만 앞으로는 바이오 쪽이 더 두드러질 수 있잖아요. 이런 동향을 파악하고 있으면 진로를 정할 때 선택지가 넓어지거든요. 예를 들어 전자나 화학 두 분야가 자신의 적성에 맞는다고 할 때 전망을 고려해서 약학대에 진학한 후 변리사를 하겠다는 계획을 세울 수 있을 테니까요. 사실 변리사 중에서 약사 출신 변리사나 의사 출신 변리사는 거의 없어요. 그러다 보니 제약 관련 업무는 수의사 출신 변리사가 많이 하는 편이에요. 하지만 제약 회사에서는 아무래도 화학 성분 등을 잘 아는 약학 전문 변리사에게 맡기고 싶어 하죠. 그런데 사실 약학대까지 나와서 변리사시험 보는 사람이 많지는 않거든요. 200명 합격자 중에 2~3명 정도밖에 안 돼요. 엄청 메리트가 있는 거죠.

이런 식으로 2~3년 정도 꾸준히 자료를 스크랩하면서 짧게나마 본인의 의견을 기록해둔다면, 그 과정 자체가 많은 도움이 될 거라고 생각해요. 물론 자료도 본인의 소중한 역사가 되겠죠.

변리사가
되면

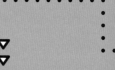

PATENTED

#4.

선출원주의 vs 선발명주의

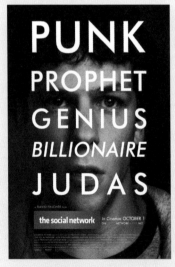

〈소셜 네트워크〉, 2010

5억 명의 '친구'가 생긴 순간 진짜 친구들은 적이 되었다!
페이스북의 탄생 실화를 바탕으로 한 영화.

하버드대학의 컴퓨터 천재 '마크(제시 아이젠버그)'는 비밀 엘리트 쿨럽의 윙클보스 형제에게 하버드 선남선녀들만 교류할 수 있는 <하버드 커넥션> 사이트 제작을 의뢰받는다. 하지만 여기서 아이디어를 얻은 마크는 인맥 교류 사이트 <더 페이스북>을 개발하고 사이트를 오픈한다.
이러한 사실을 알게 된 윙클보스 형제는 <더 페이스북>이 자신들의 아이디어로 탄생한 사이트라고 주장하며 소송을 제기한다.
쟁점은 누가 발명을 먼저 완성했느냐이다. 미국 법원에서는 발명의 완성 시점을 아이디어, 모티브를 제시한 시점이 아니라 현실적이고 구체적으로 구현한 시점으로 봐야 한다고 판시하고 마크의 손을 들어줬다.

영화 <소셜 네트워크>에는 법적 분쟁 거리가 많이 등장하는 데 주목해야 할 부분은 미국의 지식재산권이다. 지식재산권이 '선출원주의'인지, '선발명주의'인지에 따라 지식재산권의 주인이 달라지기 때문이다.

'선출원주의'는 특허청에 특허를 먼저 출원하는 자가 권리를 갖는 것이고, '선발명주의'는 먼저 발명한 자가 권리를 가지는 것이다.

미국은 현재 '선출원주의'를 채택하고 있지만, <페이스북>이 개발되었던 2003년에는 '선발명주의'를 채택하고 있었다.

즉, 아이디어를 먼저 낸 사람은 윙클보스 형제이지만 먼저 발명한 사람은 마크 저커버그이기 때문에 지식재산권은 마크 저커버그에게 돌아간 것이다.

특허는 창의적인 아이디어와 이를 구현하는 발명 두 가지가 잘 맞물려야 한다.

변리사가 전문직 중 연봉 1위라는 기사가 많더라고요.
연봉은 어느 정도인가요?

편 변리사가 전문직 중 연봉 1위라는 기사가 많더라고요. 연봉은 어느 정도인가요?

유 다들 거기에 낚이죠.^^ 전문 분야별로 약간 다르긴 하지만 수습인 경우에는 연봉 5,000만 원 정도에서 시작해요. 물론 특허 사무소에 따라 조금씩 달라서 수습 연봉이 최대 7,000만 원인 사무소도 있긴 해요. 하지만 대체로 5,000만 원에서 시작해서 포화 곡선을 따라서 차근차근 올라가는 편이에요. 일반적으로 1년에 1,000만 원 정도씩 상승 폭을 가지다가 1억 정도에서 포화가 되는 것 같아요.

그때부터는 역량에 따라 확연하게 달라지는데 고용 변리사로 1억 이상을 하기는 굉장히 힘들어요. 실무만으로 연봉 1억 이상을 받으려면 삶을 갈아 넣어야 하는 수준이거든요. 명세서도 써야 하고, 오피스 액션도 잘해야 하고, 성공률도 좋아야 하니까요. 변리사가 고객에게 청구하는 비용은 착수금과 특허등록 성사금으로 나눠져 있어요. 만약 등록이 안 돼서 성사금을 받지 못하면 업무 실적이 안 좋아져서 연봉 협상 때 연봉이 아무래도 낮아지게 되죠.

직급 체계는 어떻게 되나요?

편 직급 체계는 어떻게 되나요?

유 특허사무소마다 자체 규정이 있어서 똑같지는 않아요. 보통 단독 대표가 있는 특허사무소인 경우에는 대표 변리사 밑에 파트너 변리사가 있고, '어쏘(Assosiate Attorney)'라고 하는 고용 변리사가 있어요. 규모가 있는 특허법인의 경우에는 지분을 나눠 가지는 다수의 파트너 변리사 밑에 고용 변리사를 두는 구조예요.

회사에 따라서 명칭을 다르게 하기도 하는데 영업권이 있는 시니어 변리사, 영업권이 없는 주니어 변리사로 나누기도 해요. 보통 입사해서 1년까지는 모두 수습이라고 하고 그 이상은 어쏘 변리사라고 부르죠. 변호사는 사무장이라고 해서 영업을 담당하시는 분들도 있는데 특허사무소는 그런 경우는 거의 없어요.

파트너 변리사가 되면 직접 고객 유치를 해야 하죠?

편 파트너 변리사가 되면 직접 고객 유치를 해야 하죠?

유 회사의 내부 규정에 따라 달라요. 파트너 변리사라고 해도 실무에만 집중하고, 영업은 전혀 하지 않는 파트너 변리사도 있기는 하거든요. 하지만 실무로만 파트너 변리사에 상응하는 실적을 내기 위해서는 상당한 업무를 해야 하는 부담이 있죠.

사실 영업이 그렇게 어려운 건 아니에요. 기존 업무를 하면서 신뢰 관계가 형성된 고객이 또 다른 계약을 하면서 일이 확대되는 경우가 많거든요. 직접적으로 일을 의뢰하지 못하는 경우에는 다른 고객을 소개해 주기도 하고요. 사실 처음부터 다 갖추고 시작하는 변리사는 많지 않아요. 그동안 해 왔던 관계를 토대로 소개를 받는 구조죠. 소개도 받고, 사회적 모임에 들어가서 어필하고 신뢰가 형성되면 의뢰가 들어와요.

편 고객은 대부분 기업인가요?

유 어떤 특허사무소든 기업만으로 고객이 구성되는 경우는 드물어요. 법인은 법인 고객이고, 개인사업자는 개인이거든요. 그래서 오히려 개인 고객 비중이 더 높죠.

연말이 되면 각 특허사무소마다 내부 관리를 위한 통계를 내는데 그때 의외의 경우들이 나타나기도 해요. 예를 들어 법인임에도 연간 출원이 별로 없는 기업이 있는가 하면, 개인사업자인데 연간 출원이 많은 회사도 있거든요. 회사 규모가 큰 기업이라고 모두 IP에 투자를 많이 하는 건 아니까요. 오히려 개인인데 사업 확장을 위해서 혹은 본인의 IP적 마인드의 발현으로 출원도 많이 하고 경고장도 많이 보내는 고객도 있거든요. 그러니까 의뢰하는 회사의 규모가 변리사 업무와 비례한다고 할 수는 없어요.

📭 매출에 기여를 많이 하는 회사에는 시간을 좀 더 할애하나요?

📭 그렇죠. 시간도 많이 쓰고 할인도 많이 해줘요. 사실 우리 일이 정가가 정해져 있는 공산품을 판매하는 일이 아니잖아요. 공산품도 많이 구매하는 사람에게는 할인을 많이 해주기도 하는데 서비스업은 더 말할 필요도 없죠. 일을 많이 주는 회사에는 그만큼 배려를 해요. 때로는 고객이 먼저 제안을 하기도 해요. 앞으로 우리가 일을 많이 의뢰할 거라는 전제를 달면서 비용 협의를 하는 거죠.

수임료의 기준이 있나요?

편 수임료의 기준이 있나요?

유 변리사회에서 제시하는 지침이 있어요. 하한선을 정하고 있죠. 하지만 서비스 특성상 수임료의 상·하한선의 구분은 사실 무의미하다고 생각해요. 해당 변리사의 능력, 업무 투입시간, 서비스의 품질, 고객의 만족도 등에 따라서 특허사무소 자체적으로 수임료의 폭을 정하는 편이에요. 그리고 요즘은 고객들도 정보를 찾아보고 오기 때문에 우리가 제시하는 금액을 평균치로 생각하는 것 같아요. 수임료의 기준이라면 대한변리사회에서 제공하는 가이드와 기존에 업무를 배웠던 사무소의 금액을 따라간다고 생각하면 될 거 같아요.

편 업무를 진행하다가 원래 의뢰받은 것보다 일이 많아지는 경우는 어떻게 하나요?

유 계약서에 업무 범위에 대한 상한선을 정해 놓기 때문에 일이 무한정 늘어나지는 않아요. 물론 계약서에 정해 놓은 범위보다 더 요청하는 경우는 있어요. 진행하다 보니 업무량이 늘어났는데 어떻게 하면 좋겠냐고 먼저 물어보는 경우도 있고요. 그런 경우에는 상황에 따라 대응이 달라져요. 계속 일이 발생할 여지가 있는 고객이라면 이 정도는 해드리겠다고 할 수도 있고, 다음 기약이 없어 보이는 경우에는 추가 견적서를 제시하기도 해요.

편 특허 등록이나 분쟁 소송에 실패하면 수임료를 지불하지 않겠다고 하는 경우도 있나요?

유 아뇨. 계약서에 착수금, 출원 수수료, 등록 수수료, 성사금 등으로 구분해서 진행 중간중간 받기 때문에 지불하지 않을 수는 없죠. 수임료를 돌려 달라고 하는 경우는 없었는데 등록 후에 등록료를 못 주겠다고 한 경우는 있었어요. 수임료에 등록료까지 포함되어 있다고 생각했던 거 같아요. 또 등록료를 늦게 주는 사람도 있어요. 오늘만 해도 오늘이 등록 마감일인데 지금 등록료를 받았거든요. 등록 공고가 나오고 두 달 내에 등록료를 납부해야 하는데 계속 미루다가 오늘 납부한 거예요. 물론 늦게 납부할수록 등록증도 늦게 나오죠.

특허를 빨리 받을 수 있는 방법이 있나요?

편 특허를 빨리 받을 수 있는 방법이 있나요?

유 보통 출원 후 등록받기까지는 대개 1년~1년 반 정도 걸려요. 늦으면 2년 이상 걸리기도 해요. 일반적으로 접수한 순서대로 심사를 진행하기 때문에 출원 이후 1년이 지난 시점에 최초 심사가 이루어진다고 보면 되거든요. 게다가 요즘은 코로나 때문에 더 뒤처지고 있어요. 해외인 경우에는 심사가 중단된 나라도 있거든요. 고객이 해외 진출할 때 이런 상황을 고려해야 하기 때문에 특허청에서도 관련 지침을 주고 있어요.

하지만 기간을 더 단축할 수 있는 방법은 있어요. 바로 '우선심사 제도'를 활용하는 거예요. '우선심사 제도'는 출원심사는 심사청구 순서에 따라 하는 것이 원칙이지만, 모든 출원에 대해서 예외 없이 이러한 원칙을 적용하다 보면, 국익이나 공익 또는 출원인의 권리를 적절하게 보호할 수 없는 경우가 발생할 수 있거든요. 그래서 일정 요건을 만족하는 출원에 대해서는 심사청구 순위에 관계없이 다른 출원보다 먼저 심사하는 제도예요.

우선심사 제도를 이용하면 출원 후 3~4개월 내에 최초 심사가 이루어지기 때문에 6개월, 늦어도 1년 안에는 특허등록증을 받을 수 있어요. 변리사의 능력에 따라서는 3개월 내에 등록을 받을 수도 있어요.

📮 우선심사 제도에 해당하는 요건은 무엇인가요 _

🔵 특허법에는 약 16가지를 우선심사 사유로 지정하고 있는데 크게 2종류로 나눌 수 있어요. 하나는 타인이 무단 실시하고 있다고 인정되는 출원이고 또 다른 하나는 국익이나 공익 보호 차원에서 긴급처리가 필요한 출원인 경우에요. 물론 수수료와 특허청 관납료가 보통심사보다 높아요. 생각보다 높다고 하는 분들도 있는데 아무래도 우선심사는 특별한 경우이니까요.

우선심사 신청서를 작성해서 특허청에 제출하면 등록이든 거절이든 심사 결과가 빨리 나와요. 바로 등록이 되면 가장 좋겠지만 거절의 경우도 빠르면 바로 대응이 가능하니까 시간이 단축되는 거죠. 여기에 특허법 절차를 잘 활용하면 더 빠르게 진행할 수도 있어요.

심사위원으로 여러 국제대회에 참석하여 심사를 진행하기도 한다. 위 사진
은 2020년 세계발명대회 그랑프리상을 받은 참가자를 직접 심사하는 모습
으로 보람된 순간이다.

근무 시간이나 형태는 어떻게 되나요?

편 근무 시간이나 형태는 어떻게 되나요?

유 고용 변리사의 경우는 일반 회사와 같아요. 하지만 업무 난이도와 양이 상당하기 때문에 대부분 야근을 하게 돼요. 예를 들어, 월요일까지 특허청에 제출해야 할 서류가 있다면 주말에 일을 해야 하니까요. 하지만 시간이나 업무량은 충분히 조절 가능해요.

편 다양한 분야의 기술을 매번 새로 공부해야 하기 때문에 업무 강도가 높을 것 같아요. 어떤가요?

유 맞아요. 그런데 다른 업종에서 말하는 강도와는 다른 의미의 업무 강도예요. 다시 말해서 발명의 기술 수준이 높아서 일이 어려운 것도 있지만 그보다는 발전하는 기술을 따라가기 위해 멈추지 않고 공부해야 하는 상황이 더 힘들어요. 매일 새로운 기술을 보고, 어학 공부를 하고, 개정된 법률도 확인해야 하니까요. 익숙해지면 괜찮지만, 부담감을 느끼기 시작하면 진짜 힘들죠.

편 선행기술 찾는 노하우가 있나요?

유 있죠. 한 끗 차이로 찾아내는 게 기술인데 경험 많은 변리사는 자기만의 노하우가 있어요. 잘못 검색하면 선행기술이 없다고 나올 수도 있어요. 태양 아래 새로운 기술이 없다는 말처럼 선행기술이 없을 수가 없는데 없다고 나온다는 건 잘못 검색한 거죠. 그렇게 검색이 잘못돼서 선행기술이 없다고 나오면 나올 때까지 계속 찾아야 하기 때문에 시간을 많이 허비하게 돼요. 잘 찾는 변리사는 30분이면 바로 근접한 기술 5개를 찾아내는 데 반해 잘못 접근하면 계속 헤매죠. "왜 안 나오지? 이렇게 안 나올 수가 없는데⋯" 이러면서 계속 찾는 거예요. 그러다가 뭐 하나 나와도 맘에 안 들고, 좀 더 있을 것 같은 찜찜함이 남아요. 선행기술 잘 찾는 것도 능력이에요.

편 직업병이 있나요?

유 네. 캐묻는 버릇이 생겨요. 그거 때문에 아내가 좀 피곤해해요. 어떤 물건을 산다고 하면 제가 계속 질문하거든요. 그 물건이 왜 좋은지, 더 좋은 상품은 없는지, 아니면 더 저렴한 상품은 없는지 등을 물어봐요. 저는 진짜 궁금해서 물어보는 건데 듣는 사람은 아주 질려 하더라고요. 상대가 누구이든 그냥 습관처럼 물어보는 거예요. 동종 업계 사람들끼리는 자연스러운 일인데 다른 사람들은 좀 힘들어하는 것 같아요.

그래서 저는 아내가 뭘 산다고 하면 그냥 혼자 찾아봐요. 제가 질문하면 싸우게 되니까요. 선행기술 찾던 노하우로 이것저것 찾아보면 각 상품의 장단점이 나오잖아요. 그런데 그걸 비교한 문서를 보는 것도 피곤해하기 때문에 그냥 대안상품을 찾아서 제일 좋은 걸 보여줘요. 그런 식으로 좋은 상품을 잘 찾으니까 놀라더라고요.^^ 이젠 장모님도 저에게 의뢰하시죠.

또 다른 직업병으로는 오탈자 체크하는 게 있어요. 카톡 할 때도 맞춤법에 자꾸 신경이 쓰여서 피곤하죠. 그리고 날짜 체크하는 것도 직업병인 거 같아요.

편 날짜가 중요한가요?

유 저희는 기일이 중요하거든요. 특허 등록 공고가 나오고 두 달 안에 등록비를 납부하지 않으면, 특허가 죽어버려요. 또, 특허청 심사관이 거절 이유 통지를 했는데 그것도 두 달 안에 대응을 안 하면 건이 소멸되고요. 이러한 내용을 고객에게 알려줬다고 해서 방치하면 안 되잖아요. 고객이 대응을 하지 않아도 저희는 마감일을 항상 신경 쓰고 있어야 하는 하죠.

사실 큰 사무소에서는 기일을 놓치는 경우가 종종 있어요. 그래서 더블 체크, 트리플 체크를 해야 해요. 담당 변리사가 우선 체크를 하고, 거기서 놓치더라도 해당 국내 관리가 체크를 하게 되어 있어요. 만약 국내 관리에서도 놓치면 시스템상 또 한 번 체크하는 방식이죠. 그렇게 이중, 삼중으로 체크하면서 건이 소멸하지 않도록 신경 쓰다 보니 항상 머릿속에 기한을 생각하게 돼요.

또한, 저희 특허사무소는 발명자 상담 이후 4주 내에 명세서 초안이 나가는 걸 원칙으로 하고 있거든요. 그 기한에 신경 쓰지 않는 고객도 있지만, 굉장히 신경 쓰는 고객도 있어요. 정말 그 일정을 맞추는지 시험하려는 마음이겠죠. 그래서 저는 무조건 일정을 맞추려고 노력해요. 일정 관리를 굉장히 꼼꼼하게 하는 편이에요. 그러다 보니 지인들이 무슨 일이 있다고 할 때 일단 날짜부터 물어보게 돼요. 일의 내용에 대해 물어보는 게 보통인데 저는 날짜부터 확인하니까 의아해하더라고요. 암튼 날짜에 집착하게 되는 경향이 있어요.

편 정년은 언제까지인가요?

유 정년은 따로 없어요. 65세가 넘어서도 고문 변리사로 활동할 수 있고, 영업 파트 쪽으로 활동하는 변리사도 많아요. 본인이 은퇴하기 전까지 얼마든지 일할 수 있는 직업이에요.

처음 변리사가 되셨을 때
가장 걱정되었던 점은 무엇인가요?

편 처음 변리사가 되셨을 때 가장 걱정되었던 점은 무엇인가요?

유 어느 직업이나 초기에는 그렇겠지만 저 역시 걱정이 많았죠. 소 뒷걸음질 치다 쥐 잡은 격으로 합격은 했지만, 실무를 잘하는 것은 별개의 문제니까요. 정말 잘할 수 있을까, 능력이 될까, 뒤처지지는 않을까 등의 걱정이죠. 하지만 걱정한다고 일이 되지 않기 때문에 제가 할 수 있는 한 열심히 했어요. 기술에 대해 공부는 물론이고 어학, 법률 공부를 계속했죠. 지치지 않는 성격이기 때문에 가능했던 것 같아요. 나이가 들어도 공부는 계속해야 하니까 지치지 않는 성격이 중요하거든요.

사실 변리사 중에는 일 자체보다는 사무소와 맞지 않아서 힘들어하는 경우가 더 많아요. 그런 경우는 특허사무소에서 근무하는 것보다 산학협력단이나 기업으로 가기도 해요. 요즘은 금융권에서도 변리사를 많이 찾아요. 은행에서 기업 대출을 할 때 기술에 대한 감정 평가를 해야 하거든요. 기업이 가지고 있는 특허를 분석해 줄 사람이 필요한 거죠. 이처럼 본인 성향에 맞는 근무처를 찾으면 되니 크게 걱정할 일은 없다고 생각해요.

편 학원에서 강의를 하셨다고 했잖아요. 그게 실무에서도 도움이 됐나요?

유 네. 도움이 많이 됐어요. 특히 저는 특허법, 상표법에 대한 강의를 했고, 책도 출간했거든요. 책을 쓰면서 공부가 더 많이 됐던 것 같아요. 그리고 저희는 고객을 만나서 계속 말을 해야 하는 직업이라 강의를 했던 경험 자체가 여러모로 도움이 된 것 같아요.

학원 강의는 대학에 다니는 동안에 2년 정도 했어요. 졸업 후 특허법인에 출근하면서 그만뒀는데 아무래도 회사를 다니면서 병행하기는 힘들더라고요. 강의뿐만 아니라 시험 문제도 만들어야 하고, 채점도 해야 하고, 교재도 개발해야 하니까요. 사실 전업으로 강의만 해도 힘든 일이거든요.

편 개업한 지 얼마나 되셨나요?

유 햇수로 3년 됐어요. 처음 근무했던 법인에서는 5년 정도 있었어요. 규모가 큰 사무소로 법무법인 쪽에서는 다섯 손가락 안에 드는 곳이었어요. 일하면서 나름의 보람은 있었는데, 솔직히 저와는 잘 안 맞는 측면이 있었어요. 전문직이라기보다는 대기업을 다니는 직원처럼 느껴졌거든요. 그래서 규모가 작은 사무소로 이직해서 다양한 업무를 경험한 후 개업을 했죠.

변리사 생활을 하면서
가장 기억에 남는 순간은 언제였나요?

편 변리사 생활을 하면서 가장 기억에 남는 순간은 언제였나요?

유 아이디어 하나만 가지고 저를 찾아온 스타트업 회사가 있었어요. 대표가 젊은 청년이었는데 제가 출원 대리를 맡아 등록까지 성공했어요. 그 특허를 기반으로 사업을 확장해서 지금은 홈쇼핑 판매도 하고, 공중파 방송까지 진출해서 어엿한 기업으로 성장했죠. 시작부터 성장까지 함께할 때 변리사로서 가장 뿌듯해요. 잊을 수 없는 관계로 발전하는 것 같거든요.

다른 분야로 진출이 가능한가요?

편 다른 분야로 진출이 가능한가요?

유 물론이에요. 특히 기술을 대리하는 업무 특성상 해당 기술에 직접 투자해서 사업가로 변신하는 변리사도 많아요. 사업을 한다고 해서 변리사 라이선스가 없어지는 건 아니잖아요. 언제든지 돌아올 수 있어서 다른 일에 대한 도전도 적극적으로 할 수 있는 것 같아요. 변리사는 다른 전문직과 달리 산업과 밀접해서 전업 투자자가 될 수도 있고 아니면 사업가가 될 수도 있어요.

편 만약 직업 선택의 자유가 주어진다면 변리사 외에 어떤 일을 하고 싶은가요?

유 저는 손을 쓰는 일을 좋아해요. 그래서 요리사나 프라모델러, 악기 연주자에 관심이 많아요. 특히 요리사나 프라모델러는 어렸을 때의 꿈이었기 때문에 지금도 노력하고 있죠. 결혼한 지 3년 됐는데 지금까지 요리는 제가 하고 있어요. 아이 이유식도 직접 만들고요. 그래서 요리에는 조금 자신이 있죠. 악기 연주자는 성인이 된 후에 하고 싶다는 생각이 들었어요. 그래서 요즘 기타를 배우고 있어요.

나도
변리사

PATENTED

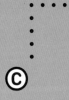

Case 1.
특허 명세서 작성하기

발명 특허를 출원하고 등록받기 위해서는 해당 발명 내용을 글과 도면 등으로 표현한 '명세서'를 제출해야 합니다. 특히, 명세서 내용 중에서 도 등록받고자 하는 발명을 나타내는 '청구항'의 기재가 매우 중요해요. 청구항이란 출원 시 제출하는 명세서에 있는 특허 청구 범위란에 보호 를 받고자 하는 사항을 기재한 항을 말해요. 다른 특허와 분쟁이 발생하 게 되면 청구항(청구범위)에 기재된 구성 요소를 대비해 침해 여부를 판단 하기 때문에 청구항은 특허 명세서에 있어서 아주 중요한 것이죠.

자, 여기 2가지 명세서가 있어요.

1번 명세서는 대표 청구항에 하나의 발명을 구성하는 요소로 A, B, C 및 D의 구성 요소가 있고, 2번 명세서에는 대표 청구항에 하나의 발명 을 구성하는 요소로 A, B 및 C의 구성 요소가 있네요.

그렇다면 두 개의 명세서 중 어느 명세서에 표현된 발명이 특허 등록 후 권리 범위가 넓은 발명이 될까요?

Tip 1.

다기재 협범위 원칙

2번 명세서

정답은 2번 명세서예요. 이는 청구항 해석 원칙 중 '다기재 협범위 원칙'에 따른 것이죠. 즉, '하나의 대표 청구항에 기재된 발명의 내용 중 해당 발명을 구성하는 구성 요소의 기재가 많을수록(다기재), 출원 범위 또는 등록 후 등록 범위의 영역이 작다(협범위)는 의미예요. 따라서, 대표 청구항에 기재되는 발명의 구성 요소는 해당 발명의 목적 및 효과를 발휘할 수 있는 최소한의 구성 요소만을 기재하여 등록받도록 하는 것이 등록 이후에 권리 범위를 넓게 가져갈 수 있는 최선의 방법이에요.

가령, 대표 청구항에 하나의 발명을 구성하는 요소로서 A, B, C 및 D의 구성 요소가 있는 1번 명세서를 출원하여 등록받은 경우라면, 제3자가 실시하는 A, B 및 C의 구성 요소를 포함하는 기술에 대해 특단의 사정이 없는 이상 본인의 등록 특허 권리 범위에 속해 침해에 해당한다는 주장을 할 수 없어요. 이 경우 등록 특허의 침해 주장을 하기 위해서는 A, B 및 C만의 구성 요소를 포함하거나 A 및 B만의 구성 요소를 포함하는 발명의 내용으로 등록받아야 본인의 등록 특허 권리 범위에 속해 침해에 해당한다는 주장을 할 수 있으니까요.

Case 2.
특허 침해 판단

명세서 기재 내용에 따라 대표 청구항에 'A, B, C 및 D'의 구성 요소를 포함하여 등록된 갑의 등록 특허가 존재하고, 을은 'A, B 및 C', 병은 'A, B 및 C1', 정은 'A, B, C, D 및 E'의 구성 요소를 가지는 발명의 기술 내용을 실시하고 있다면, 갑의 등록 특허 권리에 대해 을, 병, 정의 실시는 침해에 해당할까요?

(C와 C1은 동일하진 않지만 완전히 다른 구성 요소도 아님)

Tip 2.

보호범위 해석 - 구성 요소 완비의 원칙(AER), 균등론

을은 침해가 아니며, 병은 균등론 해석판단에 따라 침해 여부가 나뉘며, 정은 침해에 해당한다.

우선 등록 특허의 침해 여부를 판단함에 있어서는 등록 특허의 보호 범위를 확정해야 하고, 해당 등록 특허의 보호범위 해석을 해야 해요. 등록 특허의 보호 범위 확정은 대한민국의 최근 판례 동향에 따라 '특허청구범위(청구항)에 기재된 사항'에 한정(주변한정주의)해 등록 특허의 보호 범위를 정하고 있어요.

이와 같은 주변 한정주의적 특허 보호 범위의 확정을 보완하기 위해 보호범위 해석방법에 있어서 '구성 요소 완비의 원칙(All Elements Rule, AER)'과 함께 '균등론(Doctrine of Equivalents)'을 판례로 인정하고 있죠.

구성 요소 완비의 원칙(AER)이란 제3자가 등록 특허의 특허 청구 범위에 기재된 구성 요소 전부를 포함해 실시하는 경우에 한하여 등록 특허의 보호 범위에 속하는 것으로 보는 원칙이에요. 따라서, 등록 특허의 특허 청구 범위에 기재된 구성 요소 전부(A, B, C 및 D)를 포함해 실시하는 실시자인 정은 침해에 해당하나, D의 구성 요소를 제외하고 실시하는 실시자인 을은 침해에 해당하지 않는 거죠.

'균등론'이란 AER을 엄격하게 적용할 경우 발생하는 문제점을 극복하기 위해 제3자 실시 기술이 특허 발명의 기술 사상과 균등한 것으로 특허 발명의 보호 범위에 포함된다고 보는 이론이에요. 현재 법제화된 것은 아니지만, 판례로 인정되어 적용되고 있는 이론이죠. 보다 구체적으로는, C를 C1으로 치환함에 ⅰ)과제의 해결원리가 공통(C1으로 치환된 C부분이 특허발명의 본질적 부분이 아니어서, 나머지 핵심적인 기술 사상이 동일하다는 의미)되고, ⅱ)치환가능성이 존재(C를 C1으로 치환하더라도 그 치환된 구성 요소 C1가 특허발명의 구성 요소 C와 실질적으로 동일한 기능을 실질적으로 동일한 방법으로 수행하여 실질적으로 동일한 작용효과를 나타내야 하는 것을 의미)하며, ⅲ)치환용이성(C를 C1으로 치환하는 것이 통상의 기술자가 용이하게 생각해 낼 수 있을 정도일 것을 의미)이 있되, ⅳ)확인대상발명(C)이 공지기술이 아니고, ⅴ)특별한 사정이 없을 것(C가 등록특허의 특허청구범위로부터 의식적으로 제외되는 등의 특별한 사정)을 요건으로 합니다. 따라서, 위에 언급한 균등론의 5가지 기준에 맞추어 병의 침해 여부를 판단해야 해요.

Case 3.
상표/지정상품 등록 여부 판단

갑이라는 신발 제조업자가 'CHERRY'라는 표장을 신발을 지정상품
으로 해 상표를 출원했는데 체리 농장을 운영하는 을이라는 사람은
'CHERRY'라는 표장을 체리를 지정상품으로 해 출원했어요. 여기에
또 다른 체리 농장을 운영하는 병은 'CeLLiZy'라는 표장을 체리를 지정
상품으로 해 출원했네요. 이 경우 갑, 을, 병의 출원상표는 각각 등록받
을 수 있을까요?

Tip 3. ─────────────────
일반명사/조어
─────────────────────

**동일한 선행 상표가 존재하는 등의 특별한 사정이 없는 이상, 갑과 정은
상표를 등록받을 수 있으며, 을은 등록이 불가하다.**

상표는 지정상품이라는 것이 존재해요. A라는 상표를 무작정 출원하는
것이 아니라, 지정상품을 지정해서 출원해야만 하는 것이죠. 예를 들어,
'Apple'이라는 상표를 '모바일 디바이스(휴대폰)' 등을 지정하여 출원하
여 등록받는 것과 같아요.

을은 지정상품을 '체리'로 해 체리의 영문 표기인 'CHERRY'를 상표로
해 출원했지만, 대한민국 상표법은 지정상품의 일반적인 명칭은 상표
권자 1인에게 독점시키는 것이 부당하므로 상표등록요건 위반 상표로
서 법제화(상표법 제33조 제1항 제1호) 한 것이죠. 따라서 상표법상 지정상품
의 일반 명칭으로서 등록받을 수 없는 상표에 해당하여 을은 등록이 불
가해요.

이와 대조적으로, 갑은 체리의 영문 표기인 'CHERRY'를 상표로 해 출
원했지만 'CHERRY'는 지정상품인 '신발'에 대한 일반적인 명칭으로
볼 수 없기 때문에 특별한 사정이 없는 이상 등록이 가능하죠.

또한, 병은 'CeLLiZy'라는 표장을 체리를 지정상품으로 해 출원했지만 'CeLLiZy' 표장은 '체리'에 대한 일반적인 명칭이라고 볼 수 없으며, 체리 농장을 운영하는 병이 직접 창작한 조어 상표라고 할 수 있어요. 조어(助語) 상표란 기존에 존재하지 않던 단어를 새로이 생성한 것을 의미하는데 이 사안의 경우, 지정상품인 '체리'를 고려했을 때 체리라는 상품의 명칭이나 성질이 직감되지 않아 특별한 사정이 없는 한 등록 가능해요.

Case 4.
유명인 이름 상표적 사용 문제

일반인 '유재석' 씨는 음식점(음식제공업)을 지정상품으로 해 본인의 이름(유재석)을 상표 출원 후 음식점을 운영하고 싶어 해요. 이 경우, 일반인 '유재석' 씨는 '유재석'이라는 상표를 상표사용 또는 상표등록 받을 수 있을까요?

Tip 4.

일반명사/조어

**본인의 이름인 '유재석'을 음식점 등을 지정상품으로 해 사용하는 것이
자유롭게 가능하다.**

상표권의 효력이 미치지 아니하는 범위(상표법 제90조 제1항 제1호)에 해당하
는 사안으로 사용이 가능하다. 다만, 이를 상표로 등록받는 것은 저명한
타인인 연예인 '유재석' 씨의 승낙 없이는 불가해요.(상표법 제34조 제1항 제
6호)

이는 아무리 본인의 이름이라고 하더라도 타인의 이름(연예인 '유재석')이
일반인에게 저명하게 알려진 경우, 본인의 이름을 상표 출원해 등록할
경우, 일반 수요자의 출처 오인 및 혼동이 야기될 우려가 있기 때문이
죠. 하지만 본인의 이름을 상표로 사용하는 것까지 제재하고 있지 않기
때문에 사용은 가능해요.

즉, 일반인의 저명인사 이름 상표등록을 막아 다른 제3자에 대한 소극
적 효력(침해주장)을 행사하는 것을 제재하는 대신, 본인 이름일 경우 적
극적 효력(상표사용)은 제재하지 않는 입장입니다.

Case 5.
미등록 주지/저명상표의 문제

갑은 '커버스'라는 상표를 '마스크'를 지정상품으로 해 10년 이상 해당 지정상품을 판매 및 광고했기 때문에 일반 수요자라면 누구나 '마스크'라고 하면 '커버스'라고 인지하고 있는 상황이에요.

이때 갑이 '커버스' 상표를 출원 및 등록받지 않고 사용하고 있다는 것을 알게 된 을이 무단으로 '커버스' 상표를 '마스크'를 지정상품으로 해 상표 출원하고, 이를 사용하고 있어요.

이 경우 을의 출원은 등록받을 수 있을까요? 또한, 을의 '커버스' 상표의 사용에 대해 갑은 침해를 주장할 수 있을까요?

Tip 5. ————————————

침해/출원 시 등록

을의 출원은 등록받을 수 없으며, 을의 사용에 대해 갑은 비록 주지 · 저명한 상표에 해당하지만 현재 등록받은 상표가 아니므로 등록상표의 권리에 근거하여 상표권 침해를 주장할 수는 없다.

하지만 위와 같은 경우 갑은 사용 상표인 '커버스' 상표가 현재 미등록이라 하더라도 주지 · 저명한 상표에 해당한다면 부정경쟁방지법(부정경쟁방지 및 영업비밀보호에 관한 법률 제2조 제1호 각목) 등의 활용을 통해 을의 사용에 사용금지 요청을 하며 제재를 가할 수는 있어요. 또한, 상표법(상표법 제34조 제1항 제9호 내지 제13호)에 근거해 을의 출원에 이의 신청을 하며, 거절 결정이 확정될 경우, 상표 자체의 식별력이 떨어지는 경우일지라도 사용에 의한 식별력을 인정받아 상표법(상표법 제33조 제2항)에 의거하여 출원 후 등록받을 수 있는 기회를 가지게 돼요. 이는 상표 자체의 식별력이 떨어지는 상표에 대해 등록을 받지 못하게 해 법적 안정성을 도모하는 것보다 이미 주지 · 저명한 상표에 대해 사용에 의한 식별력을 인정해 상표 자체의 기능을 발휘한다고 보아 구체적 타당성을 고려하여 등록시키는 것이 타당하기 때문이에요.

변리사의
업무 엿보기

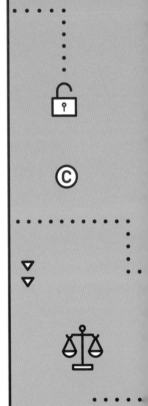

평소와 다름없이 아침 일찍 출근해요. 새벽에 출근하면 머리도 상쾌할 뿐만 아니라 다름 사람보다 일찍 하루를 시작하게 돼 기분이 좋아요. 회사와 집이 가까워 출근 시간이 짧은 것도 업무 시간을 절약하는 데 도움이 되고 있어요.

06:30~8:45 오전 변리사 포럼

자주 있는 일은 아니지만 오전 시간에 가끔 포럼이 열리거나 행사가 있기도 해요. 이런

행사에 참석해서 스터디도 하고 동향에 대한 연구를 하기도 해요.

특허 상담이 있는 날이에요. 발명 신고서나 아이디어 제안서 등의
형식을 마련해서 상담 시에 보다 심층적인 상담이 이루어질 수 있
도록 하는 것이 노하우랍니다.

13:00~15:00 기업 강연

외부 강연이 있는 날이에요. 기업의 담당자에게 실무적으로 도움이 되는 강연을 주로 하고

있어요. 최근에는 코로나19의 영향으로 별도의 강의 장소에서 크로마키를 이용해 배경을 처

리하고 온라인 화상강의를 진행하고 있죠.

16:00 엑스포 참석

세계 여성발명 엑스포 등에 참가해 출품된 발명품 등에 대한 구체적 심사를 진행하기도 해요.

최근 일본과의 무역제재 조치의 여파로 국내 소재, 부품, 장비 업체의 투자가 활발히 이루

어지고 있는데, 이에 대한 업체 기술평가를 토대로 한 기업평가에 참여하기도 해요.

변리사의
일, 일, 일

1. 특허/상표/디자인 상담

(지정상품에 대하여 시장조사, 경쟁사 인지도 및 획득 상표 조사)

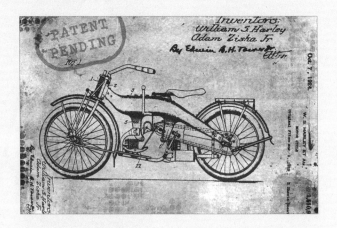

특허

특허 출원을 준비하기 위해서는 아이디어를 가지고 있는 발명자와의 상담을 통해 아이디어 내용을 전달받고, 해당 아이디어가 특허성을 가지고 있는지 여부를 확인하고 발명의 아이디어를 더욱 빛내줄 수 있는 추가 내용으로는 어떤 것들이 있는지 도출하는 과정을 거칩니다.

이 과정에서 개별 아이디어에 대한 선행기술 조사 등을 거치며 유사한 내용의 경쟁사 상표 또는 선행기술이 존재하는 경우, 이와 차별되는 발명의 구성을 찾고 이를 부각시키기 위한 논의를 진행합니다.

발명자와의 충분한 논의를 진행하며 특허 출원을 위한 출원 내용이 적힌 문서를 준비하는데, 이를 '명세서'라고 합니다.

명세서 작성은 발명자가 작성하기에는 지켜야 하는 형식이 상당히 까다롭고 출원 이후 심사과정이나, 등록 후 분쟁 등의 우려가 있는 상황에서는 명세서에 기재된 단어 하나에도 첨예한 싸움이 붙으며 등록 여부 및 승리 여부가 결정되므로 이에 대한 상당한 노하우와 경력이 필요합니다.

상표

상표는 기업 또는 개인이 출원하여 독점하고자 하는 상표명과 지정상품으로 하고자 하는 상품 내용을 전달받고, 특허와 마찬가지로 이에 대하여 먼저 출원 또는 등록받은 경우가 있는지를 조사합니다. 또한, 상표 자체의 특성상 상표등록을 받기에 부적절한 상표가 아닌지, 고객이 전달해 준 지정상품 자체의 문제점은 없는지 여부 등을 검토하여 출원 방향을 결정합니다.

디자인

디자인은 '물품'의 외관상 특징 및 심미적 기능을 보호하기 위한 제도이므로, 상담 과정에서 디자인 출원 대상이 되는 '물품' 또는 '물품'의 도안 등을 두고 상담을 실시합니다.

디자인 출원의 대상이 되는 적절한 '물품'에 해당하는지와 해당 출원 예상 디자인에 앞선 선행 디자인은 출원되어 있지 않은지 검토 후에 명세서 작성에 착수하게 됩니다.

2. 지정상품 설정
(고객 시장 파악, 경제적 규모 파악)

상표 출원의 경우, 상표 자체의 적절성 여부에 대한 상담과 동시에 지정 상품에 대한 상담을 진행하게 되는데, 고객이 제시하는 1~2개의 대표 상품을 토대로 이를 포함할 수 있는 적절한 상품류를 설정하고, 동일 비용으로 지정 가능한 20개의 지정상품을 최대한 적절하게 선택하여 출원될 수 있도록 지정상품에 대한 상담을 진행합니다.

이 경우, 추후 동일 상표로 판매 또는 광고가 진행될 예정인 제품 등에 대한 내용이 있는지 여부 등을 조사하여 지정상품 설정에 참고하여 출원한다면, 한 번의 출원으로 추후 진행될 내용까지 포함할 수 있게 되어 출원인 측에 더욱 도움 되는 상담 및 출원이 될 수 있습니다.

3. 이의신청, 무효심판 및 취소심판 등

앞서 말한 내용과 같은 상담 과정을 통해 아이디어 내용을 파악함과 동시에 관련 선행자료들을 검색하게 되는데, 이를 정확하게 검색하고 유사점/차이점을 잘 파악하고 구분하는 것 역시 변리사의 능력이 발휘되는 부분입니다. 이렇게 찾게 된 선행자료는 출원 예정인 지식재산(특허/상표/디자인 등)의 등록 과정에 있어서 방해물이 되기도 합니다.

방해가 되는 지식재산을 없애고 후출원을 통해 등록받고자 한다면, 등록 과정의 방해물이 되는 선행출원/선행등록 지식재산을 없애기 위하여 해당 선행출원/선행등록 지식재산에 존재하는 거절이유, 무효사유 및 취소사유를 찾고 이를 특허청 등에 제출하며 이의신청, 무효심판 또는 취소심판 등을 신청하는 것이 가능합니다.

특히, 상표법에서는 사용의사 없이 선등록 받고 등록 후 사용하지 않는 상표권에 대한 제재조치로 불사용 취소심판 제도를 두고 있으며, 심판 청구 절차도 시일이 오래 걸리지 않아 취소심판의 대표격으로 이용되고 있습니다.

4. 출원

현재는 특허청에 명세서를 전자파일로 제출하며 지식재산 출원을 하는 것이 일반적이므로, 특허청에서 배포하는 프로그램을 통해 전자문서 형태의 명세서를 작성합니다. 이와 같은 전자문서 형태의 명세서를 특허청에 제출하면서 지식재산 출원을 진행하게 되며, 출원 이후는 심사관의 심사를 통해 등록 과정에 이르게 됩니다.

5. 의견제출통지서 대응

출원 이후 담당 심사관이 배정되고, 담당 심사관의 심사 결과에 따라 거절이유를 포함하는 의견제출통지서가 나올 수 있습니다.

이 경우, 심사관이 제시한 거절이유의 타당성을 검토 후 출원인과의 논의를 거쳐 필요시 특허받고자 하는 내용을 담은 '청구항'의 내용 등을 수정하여 심사관의 거절이유를 극복하여 등록 과정에 이르는 것이 가능합니다.

이 경우, 심사관의 거절이유를 극복하지 못하거나, 극복 과정에서 새로운 거절이유가 발생하는 경우에는 계속하여 이를 극복하기 위한 과정을 거쳐 최종적으로 등록에 이를 수 있도록 출원인의 입장을 최대한 대변하는 역할을 합니다.

6. 이의신청 대비

앞에서 말한 이의신청을 제기하는 과정과 반대로, 제3자가 특허사무소를 통해 출원한 고객에게 이의신청을 제기할 수 있습니다.

이 경우, 심사관은 해당 대리인(변리사)에게 이의신청 제기 사실을 알리고, 해당 이의신청 내용을 공유하여 의견서/보정서 등을 통해 이의신청 내용에 반박할 기회를 부여합니다.

이 과정에서 이의신청 내용을 반박하지 못할 경우 출원이 거절되며, 이의신청 내용 반박에 성공한 경우에는 심사관의 심사과정을 거쳐 등록에 이르게 됩니다.

7. 등록

출원 이후, 심사관의 거절이유통지의 극복 과정 및 제3자의 이의신청 극복 과정 등의 험난한 과정을 거쳐 드디어 등록에 이르게 됩니다.

이 경우, 출원인은 최종적으로 특허청에 등록료를 납부하고 등록증을 받게 됩니다.

등록 후에는 기간별 유지비용을 특허청에 납입하며 등록받은 지식재산을 유지하며 독점 사용하는 것이 가능합니다.

8. 경고장 발송

지식재산의 등록에 의해 해당 지식재산을 독점적으로 사용할 권리가 생기며, 이에 대하여 제3자가 정당한 권리 없이 무단으로 해당 등록 지식재산을 사용할 경우, 사용금지 및 추후 민사/형사상 조치가 취해질 것임을 경고하는 경고장을 송부하는 업무를 대리합니다.

이 경우, 경고장은 추후 법률행위에 대한 증거 역할을 하기 위해 내용증명으로 발송됩니다.

9. 소극적 권리 범위 확인심판 대비

소극적 권리 범위 확인심판이란 내가 실시하는 '기술', '상표' 또는 '디자인'이 타인의 등록된 지식재산의 권리 범위에 속하지 않는다는 심판 결과를 구하기 위해 청구하는 심판입니다. 특히, 경쟁이 첨예한 분야에서 지식재산 후발주자가 추후 법적 분쟁이 커지는 것을 방지하기 위해 경쟁업체 등의 분쟁 발생 위험이 높은 등록 지식재산을 지정하여 본인의 실시 또는 사용이 침해가 아님을 비교적 손쉽게 확인받고자 이용하는 제도입니다. 이와 같은 소극적 권리 범위 확인심판에서, '등록권리의 권리 범위에 속하지 않는다. 즉, 실시 또는 사용하는 것이 침해가 아니다'라는 확정심결이 나오는 경우에는 그 이상의 법적 분쟁이 잘 발생하지 않는 장점이 존재하여, 경쟁이 치열한 분야에서는 비교적 자주 이용되는 제도입니다.

대리인(변리사)은 정당하게 등록권리 밖의 영역에서 실시 또는 사용하는 고객의 입장을 대변하여 등록권리의 권리 범위를 명확하게 언급하고 고객의 실시 또는 사용범위는 해당 등록권리의 권리 범위 밖에 있음을 심판관 등에게 서면으로 전달하는 역할을 수행합니다.

10. 적극적 권리 범위 확인심판 청구

적극적 권리 범위 확인심판은 앞서 언급한 소극적 권리 범위 확인심판과 반대되는 개념으로 등록된 지식재산의 등록권자가 제3자의 실시 또는 사용이 본인의 등록권리의 권리 범위안에 속한다는 확인을 구하는 심판청구에 해당합니다.

제3자의 실시 또는 사용이 본인의 등록 지식재산권의 침해임이 강하게 의심되는 상황에서 소송으로 진입하기 전 심판단계의 확인을 구하는 방법으로 이용되는 제도입니다.

심판원에서는 해당 제3자의 실시 또는 사용이 심판 청구인인 등록 지식재산의 권리자의 권리 범위에 속한다는 심결 또는 권리 범위에 속한다고 보기 어렵다는 심결을 하게 됩니다.

대리인(변리사)은 소극적 권리 범위 확인심판에서와 달리 등록 지식재산권의 권리자의 입장을 대변하여 등록권리의 권리 범위 안에 실시자 또는 사용자의 실시범위 또는 사용범위가 포함됨을 주장하며, 해당 내용을 심판관 등에게 서면으로 전달하는 역할을 수행합니다.

변리사 유원상의 스토리

🔲 어린 시절 이야기가 궁금해요.

🔲 마냥 개구지게 놀기 바빴어요. 공부는 안 하고 놀기만 하는 평범한 시커먼 학생이었죠. 어렸을 때 인천에 살았는데 1990년대 중반만 해도 인천에는 아이들이 놀만한 공터가 꽤 많았거든요. 학교 공부보다는 공터로 잠자리, 매미, 도마뱀 잡으러 뛰어다니기 바빴죠. 학교 끝나면 친구들끼리 해가 떨어질 때까지 놀러 다녔어요. 그렇게 놀기 바쁜 와중에도 이상하게 저는 문자 중독 비슷한 게 있어서 학교 공부는 안 해도 집에 있는 백과사전을 비롯해서 책이란 책은 다 읽었어요. 독서하면서 여가시간을 보낸 셈이죠.

초등학교 마칠 무렵에 서울 목동으로 이사 왔는데, 서울 친구들은 놀지 않고 학원 다니며 공부를 많이 하더라고요. 그런 모습이 적응이 안 돼서 한동안 힘들었어요.

🔲 부모님은 어떤 분이셨는지, 어린 시절 환경은 어땠나요?

🔲 뭐, 환경은 평범했는데 아버지가 평범하지 않으셨어요. 아버지가 지금 기술사로 일하고 계시는데 회사를 다니시면서 기술사 자격증을 따셨거든요. 아마 제가 중학교 때인 거 같아요. 기술사 시험을 보기 위해서 퇴근 후에 공부하셨는데 저보다 더 열심히 공부하셨어요. 물론 제가 그 당시 공부를 열심히 했다는 건 아니지

만요.^^ 아직도 아버지가 공부하는 모습이 남아 있어요.

어렸을 때는 잘 몰랐지만, 결혼해서 아이를 낳고, 특허사무소를 운영하면서 육아도 동시에 하다 보니 퇴근 후 밤늦게까지 공부한다는 게 얼마나 어려운 일인지 절실히 깨닫고 있어요. 퇴근 후에 아들과 함께 독서실에 가서 밤 열두 시까지 공부하고, 다음 날 아침 일찍 출근하는 게 보통 일이 아니잖아요. 이런 아버지의 모습이 이후의 제 삶에 영향을 미쳤다고 생각해요.

형과는 한 살 차이인데 어렸을 때 엄청 싸웠어요. 중학교 때까지 장판에 피 마를 날이 없었어요.^^ 어머니가 아들 둘 말리시느라 고생이 많으셨죠. 그나마 초등학생 때는 좀 덜했는데 제가 중학생이 되고 나서는 정말 심했거든요. 한 살 차이라서 형을 이길 수 있겠다는 생각이 드니까 더 많이 싸웠던 거 같아요. 그러다가 제가 군대 다녀온 이후부터는 친구처럼 지내요. 이젠 거의 절친이죠.

편 어렸을 때 꿈은 뭐였나요?

유 앞에서 말씀드린 것처럼 중학교 때까지는 요리사나 프라모델러가 될 거라고 생각했어요. 손쓰는 걸 좋아했으니까요. 고등학생이 돼서는 손을 쓰면서도 질리지 않고 계속할 수 있는 일을 찾다가 수의사를 꿈꾸게 됐어요. 친구들에게도 수의사가 될 거라는 얘

마냥 뛰어놀던 어린 시절.

Job
Propose 35

길 하고 다녔죠. 그래서 친구들도 당연히 제가 수의학과에 진학할 거라고 생각했어요. 그런데 수능을 보고 나서 고민이 되더라고요. 재수를 해서 수의학과에 갈지, 아니면 바로 기계공학과에 입학할지 고민하다가 기계공학과에 진학해도 공부 열심히 할 수 있을 것 같다는 생각에 선택했어요.

생각해 보면 그때의 판단이 옳았던 것 같아요. 이렇게 적성에 맞는 일을 잘 찾았으니까요. 수의학과에 갔어도 과연 수의사가 될 수 있었을까 하는 생각도 들어요. 제가 공감 능력이 좋아서 그런 건지 모르겠는데 다른 사람이 아픈 걸 보면 저도 같이 아프거든요. TV에서 수술 장면이 나오면 그걸 못 보겠어요. 제가 막 아파요. 암튼 수의사가 되고 싶었던 때가 있었어요.

📧 어린 시절 특별히 기억에 남는 일이 있나요?

🔵 특별히 기억에 남는 일보다는 형한테 영향을 많이 받았던 것 같아요. 주위에서 형과 비교를 많이 했거든요. 한 살 차이라 초중고를 같은 학교에 다녔는데 형이 공부를 아주 잘했어요. 제가 누구 동생인지 선생님들도 알게 되니까 항상 비교 대상이었죠. 형이 공부를 잘하니까 제가 조금 잘하는 정도로는 턱도 없었거든요. 그런 비교가 너무 싫었어요. 자극이 되기도 하지만 어릴 때니까 긍

정적으로 다가오지 않고 스트레스를 많이 받았어요. 나는 난데 왜 선생님은 형과 나를 비교할까 하는 반발심도 있었고요.

중고등학교 시절, 공부 잘했나요?

음… 특출나게 잘하지는 않았지만 못하는 편도 아니었어요. 좋아하는 과목은 잘했는데 싫어하는 과목은 공부를 아예 안 했거든요. 쳐다보기도 싫어했죠.

수학, 과학을 좋아했어요. 그리고 특이하게 언어는 공부를 안 해도 성적이 잘 나왔어요. 어릴 때부터 책 읽기를 해서 자연스럽게 언어능력이 체득되었던 것 같아요. 반면에 사회와 역사는 정말 공부하기 싫었어요. 세계사, 국사는 정말 볼 수가 없었죠. 암기를 싫어했거든요. 지금이야 따로 흥미를 가지고 깊이 있게 살펴보고 있지만 학생 때는 이유 없이 책 내용을 암기하라고 하는 그 자체가 싫었으니까요.

일반적으로는 중학교 때 놀던 학생도 고등학교에 진학하면 대부분 공부에 집중하잖아요. 그런데 저는 고등학생 때도 계속 놀았어요. 그때 마음에 맞는 친구들을 많이 만났거든요. 그때 친구들이 지금도 친해요.

편 학창 시절 기억나는 일이나 사건이 있으면 이야기해 주세요.

유 아, 고3 때 전교에서 저 혼자 물리 시험을 100점 맞은 적이 있어요. 우리 학교가 나름 상위권 학교예요. 의대만 해도 10여 명 진학하고, 서울대 등 명문대도 많이 가는 학교거든요. 그런데 그런 학교의 상위권 친구들도 틀린 문제를 저만 맞춰서 신기했어요. 오죽하면 100점이 누구냐고 물리 선생님이 저를 찾아오기까지 했어요. 본인이 신경 쓰는 20명 리스트에 없는 이름이니까요.^^

그 선생님이 마지막 두 문제를 굉장히 어렵게 냈는데 애들이 거기서 다 틀렸거든요. 공부 잘하는 애들도 다 틀렸는데 저는 맞췄으니까 더 이상했던 거죠.

거기에는 비밀이 있어요. 사실 저도 그 두 문제 정답이 좀 헷갈렸거든요. 그런데 물리 선생님 특징 덕분에 맞출 수 있었어요. 이 선생님이 결벽증적인 성격이 있어요. 예를 들어, 문제가 40개면 1번 답 8개, 2번 답 8개… 이런 식으로 정답의 개수를 맞추는 분이었던 거예요. 그걸 생각하고 확률적으로 계산했죠. 38번 문제까지 정답의 개수가 8개를 채우지 못한 선택지가 1, 3번이니까 정답은 무조건 1번 아니면 3번인 거죠. 사실상 1, 3 조합이거나 3, 1 조합인데, 39번 문제에서 내가 헷갈리는 답안이 1, 4번이라면 정답은 무조건 1번일 수밖에 없는 거잖아요. 4번은 이미 8개를 채

웠으니까요. 39번 문제의 정답이 1번이라면 나머지 40번 문제의 정답은 무조건 3번인 거죠.

사실 이건 앞의 38번까지 틀린 문제가 없어야 한다는 전제가 필요했지만 틀려도 할 수 없다는 생각으로 했어요. 시험 끝나고 채점하는데 공부 잘하는 애들이 너 이 문제 진짜 푼 거야? 풀었으면 이런 답이 나올 수가 없는데 하더라고요. 그래서 솔직히 말을 했죠. 애들이 엄청 허탈해하더라고요.^^ 고3 내신 성적 관리할 때라 엄청 치열했거든요. 선생님 성함이 박찬호 선생님이었는데 선생님께는 사실대로 얘기하지는 못했어요. 좀 헷갈렸는데 그냥 결과가 좋게 나온 것 같다고 말씀드렸죠.

편 대학 생활은 어떠셨나요?

유 1학년 때는 다른 학생들처럼 정신없이 학교생활 적응(?)한다고 술 마시고 동아리 활동을 열심히 했어요. 관심 있는 과목은 열심히 하고, 내키지 않는 과목은 차라리 출석하지 않고 F 학점 받아서 다른 과목으로 대체해야겠다 생각했죠. 그런데 다른 애들은 더 공부를 안 했는지 성적이 의외로 잘 나왔더라고요.

1학년 마치고 입대했고 제대 후에 바로 복학하지 않고 변리사시험을 준비했어요. 변리사시험 합격 후에 복학했더니 친구들은 다 졸업했고, 그나마 한두 학번 밑의 후배들 몇 명이 남아 있더라고요. 그 친구들하고 스터디도 하면서 남은 대학 생활을 했죠.

저는 변리사시험에 합격한 상태라 학점에 연연하지 않으면서 밥도 잘 사주는 좋은 선배로 남을 수 있었어요. 어차피 전 3년 전액 장학금이 나오는 상황이고, 학원 강의을 하면서 돈도 벌고 있었으니까요.

편 교수님들도 주목했을 것 같아요.

유 아뇨. 철저하게 숨기고 다녀서 그렇지는 않았어요. 다만 이런 건 있었죠. 변리사시험 준비하면서 공부했던 것들이 학부생 수준보다는 훨씬 높은 수준이기 때문에 간혹 공학 수업에서 교수님이 수준 높은 질문을 했을 때 제가 대답하면 좀 놀라긴 하더라고요. 대학 2학년생이 대답할 수 없는 내용인데 하시면서요. 질문을 하는 경우에도 놀라곤 하셨어요. 이런 수준의 질문을 하다니 뭐 이런 식이죠. 그럴 때 후배들이 인정을 해주죠. 아~ 변리사 맞구나 하면서요. 그런 소소한 재미가 있었어요.

편 변리사로의 진로 결정은 언제 하셨나요?

유 군대에 있을 때 결정했어요. 군대에서는 시간이 많거든요. 혼자 생각할 시간이 많아서 결정하긴 했지만, 사실 형이 아니었으면 변리사라는 직업도 몰랐을 거예요. 형은 치과대학에 진학했는데 원래는 변리사를 하고 싶었다고 하더라고요. 그래서 공대를 가려고 했다가 이런저런 사정으로 재수를 하고 치대에 갔거든요.

형이 변리사를 하지 않은 거잖아요. 그러면 버려야 하는 카드인데, 자기가 봤을 때는 아주 좋은 카드인 거죠. 그래서 저한테 계속 변리사 얘기를 했어요. 그런데 저는 그 당시에 관심이 없었으니까 한 귀로 듣고 흘렸죠. 그러다가 입대하고 시간이 많아지니까 앞으로 뭐 해야 할까? 이런 생각들을 하게 됐어요. 좋은 성적으로 졸업해서 취업해야 하는데 기계공학과 전공이면 웬만하면 취업 잘 되니까 취업하겠지 이런 생각을 막연하게 하고 있었는데 형이 취업도 좋지만 변리사를 하는 것이 어떠냐고 적극 추천했어요. 그때서야 변리사가 뭔지에 대해 알아보기 시작했죠.

찾아보니까 엄청 뛰어나야 될 거 같은 거예요. 서울대 나와도 이거는 너무 어려운 거 아닌가 아닌가 생각했죠. 그런데 형이 그냥 죽었다 생각하고 딱 2년만 하라는 거예요. 2년 해 보고 안 되면 그만두면 되니까 해 보라고 막 부추기더라고요. 사람이 모든 걸 걸고 하면 안 될 수가 없다고 하면서요. 그래서 겁 없이 시작할 수 있었어요.

형이 아니었으면 아마 시험 준비도 안 했을 거예요. 형이 반강제적으로 하라고 한 것도 있고, 영향을 많이 받았어요. 한 살 차이인데 그렇게 느껴지지 않아요. 장난칠 때는 저보다 더 철이 없는 것 같다가도 동생 챙길 때는 어른스러운 면이 있어요.

합격했을 때 형이 엄청 좋아했겠네요.

그렇죠. 저는 오히려 노력한 결실을 받았다는 느낌이라 좀 덤덤했는데 형이 아주 좋아했어요. 부모님보다 형이 더 좋아했죠. 복학하지 않고 시험 준비했던 전략이 잘 맞았던 것 같아요. 사실 복학하면 1학년 때와 똑같을 거 같았거든요. 또 복학해서 학교를 다니다가 다시 휴학해서 시험 준비한다면 지금보다 열정이 부족할 거 같기도 했고요. 신경 쓸 일도 많아질 테고, 마인드도 많이 떨어질 것이고, 능률도 떨어질 거라고 생각했죠. 그래서 복학하지 않고 바로 시험 준비를 했어요. 학원에서 놀라더라고요. 저 머리 빡빡 깎은 사람은 누군가? 하는 시선이 있었죠.

변리사를 준비하면서 힘들었던 순간이 있었나요?

자율적으로 공부해 본 경험이 없어서 힘들었어요. 학교 다닐 때는 정해진 시간표에 맞춰 공부하면 되잖아요. 그런데 24시간을 스스로 설계하고 공부해야 하는 게 좀 힘들었던 것 같아요. 사실 막연하잖아요. 시험은 1년 뒤에 있는데 1년 동안의 스케줄을 어떻게 짜야 좋을지 막막한 거죠. 커리큘럼 세워주는 사람도 없고, 강의는 수시로 있지만 어떤 과목을 선택해서 들어야 할지도 모르니까요.

전략을 어떻게 세워야 하는지부터 시작해서 하루에 몇 시간 공부해야 하는지, 언제 쉬어야 하는지, 슬럼프가 오면 어떻게 극복할 것인지 등 이런 거에 대해서 계획한다는 게 사실 무의미하거든요. 언제 체력적으로 슬럼프가 올지, 언제 멘탈이 약해질지는 계획을 아무리 촘촘하게 세워도 변수가 생기니까요.

계획에 조금만 차질이 생겨도 멘탈에 금이 가는 사람도 있고, 한 번 삐끗하면 몇 달 동안 슬럼프가 길게 가는 사람도 있고요. 누구나 한 번씩은 정신적이나 신체적으로 충격이 오는 것 같아요. 막연한 외로움과 막막함을 이겨내야 하는데 매 순간이 사실 힘들었어요. 최대한 빨리 극복을 하는 게 중요하죠. 저는 그럴 때 가족과 친구들에게 도움을 많이 받았던 것 같아요.

🔳 직업관을 형성하는 데 도움을 준 책이나 영화가 있을까요?

🔳 어렸을 때는 성공스토리 책을 잘 안 읽었어요. 그런데 어느

날 우연히 TV에서 소개하는 책을 보게 됐는데, 그 책이 김규환 명장의 『어머니, 나는 해냈어요』라는 책이에요. 제가 서점에서 책을 사 본 적이 없는데, 이 책은 서점에 가서 샀어요. 내용은 일반적인 내용으로 역경을 견뎌 내고 성공하는 스토리예요. 그런데 다른 성공 스토리와 좀 다르게 느껴졌어요. 뭔가 동질감을 느꼈던 것 같아요.

감명 깊게 본 영화로는 〈옥토버 스카이〉라는 영화가 있어요. 로켓을 쏘아 올리는 감동 실화를 다룬 영화예요. 제이크 질렌할이 주연한 영화인데 변리사시험 공부하던 중에 보고 충격과 감동을 받았어요. 탄광촌에 사는 미국 소년이 러시아가 스푸트니크 인공위성 1호를 발사했다는 뉴스를 우연히 접하고 우주에 가고 싶다는 꿈을 꾸게 돼요. 그런데 처한 현실은 탄광촌 광부의 아들이죠. 교육 환경도 안 좋고, 주변에서 기대도 없고, 아버지는 당연히 탄광촌에 취업해야 한다고 생각하는 상황이에요. 하지만 아버지의 반대와 열악한 주변 환경을 다 이겨 내고 성공해서 결국 우주비행사가 되거든요. 이 영화를 학창 시절에 봤으면 더 임팩트가 있었을 것 같아요.

책과 영화 둘 다 변리사나 법조계와 관련된 내용은 아니지만, 오히려 더 순수한 열정으로 다가왔던 것 같아요. 나이나 성장 환경을 떠나서 마침내 꽃피우는 인간의 열망을 간접적이지만 진하게 느낄 수 있었어요.

편 돌이켜 봤을 때 가장 잘했다고 생각하는 것이 있다면요?

유 형 말을 잘 들은 것.^^ 제가 원래 형 말을 잘 안 듣는 편인데, 그때는 한참 고민을 하던 시기여서 흘려들을 수 없었던 것 같아요. 그 시기에 진짜 고민을 많이 했거든요. 외부와의 교류를 최소화하고 2~3년을 혼자 공부하는 거에 대한 두려움이 있었는데 형이 그걸 극복할 수 있도록 많이 도와줬어요. 빈말이지 모르겠지만, 넌 할 수 있다는 얘기를 많이 했거든요. 그래서 형이 저 만나면 자기가 사람 만들었다고 항상 자화자찬하죠.

편 꿈꾸던 것을 이루고 있다고 생각하세요?

유 아뇨. 꿈꾸던 걸 이뤘다고 생각하면 아마 다른 일을 할 것 같아요. 저는 매 순간 시작이라고 생각하고, 앞으로 어떻게 될지 모른다는 생각을 하며 살고 있어요. 그래서 지금은 이 일을 하고 있지만, 어느 순간 다른 기회가 찾아오면 전혀 다른 모습으로 살아갈 수도 있다는 생각을 하고 있어서 꿈꾸던 것을 이뤘다고 생각하지는 않아요. 꿈을 이룬 게 30대 중반이면 재미없을 거 같아요. 앞으로 60년이 더 남았는데 남은 인생을 그리면서 살아야죠.

스케치를 완성했다고 해서 단순히 그 스케치를 따라 채색만 하는 것이 아니라 완성한 후에도 그림을 수정하고 새로운 그림을 그리는 삶을 살고 싶어요. 꿈에 가까이 갈수록 꿈을 더 멀리 던지는 중이에요. 결국 꿈을 이루는 것이 중요한 게 아니라 그 꿈을 이루는 과정에 내가 있는 것이니까요. 매 순간 집중하고 오늘의 성취는 오늘 느끼고 내일은 내일의 목표를 향해 나아간다는 것이 제 인생관이에요.

편 자녀가 있다면 권할 만한 직업인가요?

유 권할 수는 있는데, 강요할 생각은 없어요. 적성에도 맞아야 하고요. 솔직히 이 일은 적성에 안 맞으면 고문이거든요. 제가 어릴 때 피아노 학원을 다녔는데 학원에 가니까 저를 골방에 넣더라고요. 선생님이 골방에서 악보를 펼치고 뚱땅뚱땅 치더니 나가면서 저보고 한 시간 동안 연습하라는 거예요. 피아노를 치라고 해서 치기는 하는데 고문당하는 느낌이었어요. 그래서 결국 어머니께 피아노 학원은 못 다니겠다고 말씀드렸죠.

일도 마찬가지예요. 시험에 합격했다고 하더라도 일이 싫으면 골방에 갇혀 있는 것과 같아요. 그래서 저는 제 아이들에게 직업에 대해 먼저 언급을 안 하려고 해요. 최대한 여러 경험을 겪어

보게 하고 궁금해하면 대답은 해주되 제가 먼저 얘기하지는 않을 생각이에요.

📭 그밖에 관심을 가지고 활동하는 분야가 있을까요? 혹은 최근 새롭게 도전하는 분야가 있나요?

🔵 예전에 하던 집필이나 강의 활동을 계속하고 싶어요. 단순히 시험에 맞춘 강의가 아닌 실무적으로 기업 담당자들에게 도움이 되는 강의를 하고 싶어요. 특수한 사람에게만 도움이 되는 강의가 아니라 기업에 실제 도움이 되는 내용으로 재미있게 풀어내고 싶어요. 그런 고민을 하고 있어요.

유튜브도 생각하고 있는데 재미나 정보 한쪽으로 치우치지 않는 방안을 고민하고 있어요. 우리 사무소의 다른 파트너 변리사도 유튜브를 하고 있는데, 예능 쪽으로 치우쳐 있거든요. 반대로 정보 위주의 채널인 경우에는 재미가 없어요. 기업의 담당 부장, 팀장이 아니면 쳐다보지도 않을 그런 내용이에요. 특수한 목적을 가진 사람한테 제공하는 정보 그 이상의 의미가 있겠나 하는 생각도 있죠. 사실 그래서 이 두 가지를 어떻게 하면 잘 풀어낼 수 있을지 고민하고 있어요. 그런 내용을 편하게 설명해 주는 재미있는 변리사가 되고 싶어요.

편 마지막으로 변리사를 꿈꾸는 청소년을 위한 응원의 메시지 부탁드립니다.

유 『아프니까 청춘이다』라는 책이 있잖아요. 그 얘기는 너무 극단적인 얘기인 것 같고, 청소년기는 아프거나 미끄러질 수 있다고 생각해요. 10대, 20대 때는 고민도 많이 하고 무엇인가에 의해서 상처받을 일도 많고, 스트레스를 받기도 하죠. 그럴 때 좌절하지 않고, 삐뚤어지지 않고, 포기하지 않는 습관을 들이라고 하고 싶어요. 물론 힘든 얘기이긴 해요. 성인이어도 실패나 좌절을 겪었을 때 극복하기 어려운 일이니까요.

그래서 조심스럽긴 하지만 사실 변리사라는 게 되기도 쉽지 않지만, 유지를 잘하는 것도 쉽지는 않거든요. 쉽게 포기하는 친구들이 아니었으면 좋겠어요. 학교 성적을 높이는 것이 중요한 게 아니라 어려움을 겪었을 때 그 어려움을 이겨내는 것에 집중하는 것이 변리사뿐만 아니라 다른 일을 할 때도 도움이 될 거라고 생각해요.

이타심을 가지고 때로는 성적을 다른 친구들한테 양보할 수도 있는 그런 마음을 가지라고 하고 싶어요. 그래도 괜찮다, 그렇게 생활한 저도 잘 살고 있으니까 그래도 문제없다는 말을 하고 싶네요.

청소년들의 진로와 직업 탐색을 위한
잡프러포즈 시리즈 35

정의의 편에서 권리를 대변하는
변리사

2021년 1월 5일 | 초판 1쇄
2023년 4월 25일 | 초판 3쇄

지은이 | 유원상
펴낸이 | 유윤선
펴낸곳 | 토크쇼

편집인 | 김정희
디자인 | 이민정
마케팅 | 김민영

출판등록 2016년 7월 21일 제2019-000113호
주소 | 서울시 서초구 나루터로 69, 107호
전화 | 070-4200-0327
팩스 | 070-7966-9327
전자우편 | myys327@gmail.com
블로그 | http://blog.naver.com/talkshowpub
ISBN | 979-11-88091-31-7(43190)
정가 | 15,000원